How to Be an Adult

A Handbook for Psychological and Spiritual Integration

回歸真我

活出獨立的內在和成熟的愛

大衛・里秋 David Richo 著　楊語芸 譯　張宏秀 審訂

給我童年階段的三個恩人：

祖母安潔拉．瑪莉亞（Angela Maria）、

羅拉（Laura）姑媽，

以及瑪格麗特（Margaret）姑媽。

CONTENTS

目錄

CONTENTS

導讀

生命因轉化而無憾

張宏秀

親愛的讀者，當您讀到這本書的時候，就是一個緣份的開始。正如心理學家榮格所說，一切都不是意外或偶然。您不妨想一想，為什麼您會在此刻的生命中遇到這本書？善意的造物主或您的內在智慧想對您說什麼？或許作者的豐富經驗與洞見，正可為您開啟更宏觀的視野，幫助您去審視換湯不換藥的困擾或生命的困惑，彷若為您心靈的成長開一扇窗。

我想與您分享這本不可多得的好書，因為作者不但將心理成長的重點提綱挈領，更循序漸進地呈現一張成長的功課清單。他邀請我們檢視自己，覺察自己該做的功課，如此才能真正俱備靈性轉化及靈性意識擴展的基礎，而心理與靈性方能彼此互惠。作者也好似心靈成長的教練，帶我們探索並整理自己在生命事件中內心的真實想法與感受。因此我們的未竟之事有機會被澄清，我們可以因跨越未竟之事而活在內心的自由中。

自由就是活在當下的鑰匙。心的自由與活在當下是靈性的沃土，我們在此沃土中所努力培養的靈性之花將永不凋謝。當然，作者也強調靈性之花的綻放除了沃土與努力，尚要謙遜地依靠上天的恩寵，放下一切盡其在我的控制心態。其實靈性轉化與成長的核心不就是放下控制？學習與造物主的節奏共舞，道家所謂師法自然及無為也是同樣的提醒。

作者懇切地以「彈性」（Flexibility）來表達拓展靈性意識的原則：藉著內在的不執著、不依附、包容與接納生命中的兩極而達到活出真我的境界。例如：接納自己勇敢中的膽怯。我們需要對多重面向的感覺與行為更開放並包容，而不是將其簡化壓縮至自我判斷。靈性不是在追求完美的理想自我，而是一個人走向完整（Complete）的過程，這是作者一針見血的提醒。但是靈性與整合的彈性原則仍是要回歸人性及日常生活的柴米油鹽中操練，覺察並放下控制，面對自己最深的不安全與恐懼即是每分每秒的靈修及無處不在的道場。否則，靈性及靈修也會被簡化成取得短暫舒緩的自我陶醉，或操弄高峰經驗的靈性自慰，而與心理成長脫節。也難怪孔老夫子不語怪力亂神，更敬鬼神而遠之。唯有心理健康的底蘊，才能成就靈性轉化及真我，而心理與靈性整合的真諦就在於此。

在從事心理治療及身心靈整合工作的二十年間，我目睹不少有志於心理或靈性成長的朋友因為缺乏成長的整體圖像，在成長歷程中停滯或失衡，非常可惜。作者以諮商心理學的背景，將心理成長鎖定在自我與人我關係的場域中。因此，把自我的關係落實了，跟別人的關係才有出路，這是顯而易見的。作者高瞻遠矚地要我們先從成長創傷、自我肯定與負面情緒（恐懼、憤怒與罪惡感）這三大區塊去落實自我瞭解與自我關係。有了健康的自我，再去學習人際界線的功課，就可以避免不少人所謂有學沒有會的挫折。將健康的自我搭配清楚靈活的人際界線，再去學習親密關係的議題與技巧，將會水到渠成。若是本末倒置地只從學習技巧入手，卻缺乏基本功的培養，到頭來就只能抱怨技巧不實用而前功盡棄了。

書末，作者建議在心理健全的基礎上，以陰影與夢境作為整合的工具。從近三十年的靈修經驗裡，我可以印證與保證，陰影與夢境是我們連結內在或靈性智慧的好幫手。如果對陰影有愛心或慈悲以待，我們便能從譴責與羨慕妒忌的情緒中獲得釋放與解脫，無條件的愛才能落實在人際關係中。誠如作者所言，夢境是改變的媒介，當仔細聆聽夢境時，一個未知的我，及其所思所感即呈現在眼前。我們需要會晤這個不受社會文化框架所侷限的我，碰觸最深的自己。在生命的歷程中不論受了多少扭曲與傷害，至少這是可以還給自己的公道——聆聽自己最真實的聲音與渴望。

心理與靈性的整合與轉化是英勇的探險之旅，我們必須不斷地往前，直到旅程的終點。但作者也告訴我們，旅程的終點就是起點的弔詭本質，因為這是一個離家而後回家的旅程，是一個從小我，回歸真我及本質我的旅程。當抵家時，在旅程中所發現的光與愛，讓我們看到一個前所未見的家！

最後，我想對主內的朋友說：基督就是我們回家的路，走在基督的路上，有天主的光及聖神的愛陪伴我們回歸真我，真我即是我們與天父合一的所在！

（本文作者為心理治療師及婚姻家族治療督導）

專文推薦

邁向心理與靈性的成熟之路

張文韜

這是一本值得推薦的心靈指南。作者採用筆記式的編排法，簡明扼要地引領讀者，邁向心理與靈性的成熟之路。

就如同人生旅程是一天天的經歷一般，在您每次翻閱此書時，建議僅讀懂一小段，思考它，融入某一句話或擷取一段完整的觀念，休息一下，消化一番，方能不受挫於深奧的原理，亦不致辜負作者將其豐富經驗所濃縮而成的精華。試想您正服用高純度的健康食品，期待滋養鎮日的生命活力。

這也像運動賽局是一回回地投入一樣，別輕率地一口氣翻完這本書，建議您融入生活當中親身參與體會，透過一點一滴的實作，避開不熟稔的遊戲規則，按部就班地導正自我，脫離人生困境，並獲致最終的勝利。試想您正參與一場勢均力敵的球賽，不到最後關頭誰也不知輸贏那般地扣人心弦。

勝利，是指「本質我」與「自我」的合一，是尋回無私的愛、處於廣闊無邊的狀態，也就是不斷地允諾自己，轉變成益發成熟之人。

成熟，永遠都是一種進行式，透過接受存在、學習緣法、實現自我、分享所得的次第，形成上升螺旋，進而朝向神性、終於大愛。對此，作者闡釋了「放下」（啟程與掙扎）、「提起」（努力與恩典），與「合一」（回歸與連結）三大步驟，方便讀者安全穩健地踏上成人之路。

本義上，療癒就是回歸[1]，在空間要素是歸向完整，就時間要素則是歸於源頭。而於此回歸超我、超個人的旅途中，遭逢各類的困難與挑戰將是在所難免的運程，也是要事先處理的層面，本書章節即是依此而開展序幕……。

遇見挑戰的首要需求，就是起碼要能夠擁有些許的觀照能力，至少眼睛肯張開一點，去查看，或去思考。我們可以觀察到許多個案，在生活當中遭遇大大小小事件時，總是緊閉著雙眼，不願承認。童年時期遭受的各種壓抑、創傷、苦痛，讓個案在對於身外環境進行試探時縮小了視野，退到更窄的安全邊界內，面對困境的能力也隨之下降。就如同火柴在黑暗中受到無情的業風吹襲，乃至熄滅，造成生命的茫然困惑、不知所終。所以去承認，並接受被動、恐懼、憤怒、罪惡感的實存性，方能轉化生存的對抗、控制和權利，經由接受與臣服而產生謙遜的態度。

藉由謙遜，我們開始甘願地努力學習，不是逃離或反對控制，而是學會適當地主導物質宇宙的客觀環境。從個人到關係，逐一地掙扎出自我束縛，蛻變自己，讓本我得以融入超個人的實證法界。

第一章教導我們學習「哀悼」，將過去的不滿足以及現今的失落，加以理解之後養成捨得放手的習慣；反之，「合理化」的機制讓我們的恐懼持續存在，並強化了神經質的病態自我，最終讓自己委身於暗黑失敗的角落。

第二章教導我們培養「自我肯定」，就是平衡的主導，既不盛氣凌人，也不優柔寡斷。依循書中教導的十七項原則，讀者將能夠找到生理性、健康的自我力

1 療癒（heal）的字根相當於英文hale、holy和whole等字根的本義，意謂回歸於一，即完整、神聖。

量。我們即使學會交付權力，卻不會自我減損；即使找回生命的主導性，也不致處處讓人感到強迫性的控制或壓抑。

接下來三、四、五章教會大家克服恐懼、憤怒和罪惡感的要領。有能力面對這三大挑戰，就有能力負起責任、管理個人情緒和生活上的衝擊。明白如何學習他人的真實性，繼而整合為自我的真實認同，才是進入關係溝通的關鍵門戶。

第六章是度過挑戰之後所結出的果實，如同種子衝破黑暗的土壤迎向陽光，達成一種自身價值的肯定。瞭解並掌握了自身價值，才懂得該避開什麼、應選擇什麼，也才能流露出自然的讚美與尊重。

第七章是第二部分集體關係的源頭。指引讀者如何在多重關係中，仍舊維持自身的良好獨特性，而不致失去原先自我的完整。在能量觀點上，三體或以上個體的交互運動往往形成非線性動力系統，也經常是陷入混沌的因素。透過本章的列表，您將學會如何在混亂的模式中，不管是婆媳關係、親子關連，或是愛情與麵包的關係中找到連結的次第。

學會了界線的掌握，就得到安全的保障，進而我們可以也願意付出更多、分享更深，這樣就進入第八章，關於親密關係的建立與穩固。您將學到感受、聆聽、接納與適切的回應，這些都是良好溝通的元素。透過溝通，親密感將變得更加深刻，此時我們將碰觸到吸引力法則的力量來源。親密感是一種放鬆跟自由，是一種休息，在休憩中我們才能找到理性與感性的平衡點，而不致陷入關係的衝突。

至此，讀者手上已經握住了一把寶劍，魔來砍魔、佛來斬佛，在第三篇中就能跟讀者暢談整合的藝術了。不管是夢境的虛實合一、本質我與自我的軸承相依，或是無意識的顯露或轉化，都靠著這把寶劍掃除對立，為自我療癒借得本自俱足的原力。您將可見證到愛的痊癒力，在這當中不需要原則、不需要學習，只要您親身去經驗、去享受。

站在預防醫學的觀點，我很贊成著名的兒童心理學家愛麗絲．米勒（Alice Miller）所言：「那些在童年階段自身完善沒有受損的人，那些受到保護、尊重、被父母待之以誠的人，他們不論是在年幼或者成人階段，都會是聰明、有責任、富有同情而且高度敏感的。他們享受生命，也覺得沒有必要去殺害、甚至傷害別人或自己。他們會用自己的力量去捍衛自己，但不會攻擊別人。除了尊重、保護那些比他們弱小的人，包括他們的孩子，他們什麼也不會做。」

運用這項觀念，在此也順勢呼籲君臣們、父子們、婆媳們及廣大的相對關係成員們，不要傷害，盡可能在各項對立中減低不得不需要的傷害，把負面衝突、情緒、念頭等都經由本書的教導盡力解決掉，發出善念，並依所能做好事，讓愛的力量滲透社會各角落，哪怕僅是微細而不起眼的一絲光，都有賴各位讀者的點燃和延續。

（本文作者為正觀身心靈整合醫學診所院長、中西醫師）

專文推薦

從慢讀到心靈對話

楊明磊

這是本需要慢讀的書，不只是細讀，更要慢讀。

所謂慢讀，第一個重點是「讀」。但，老實說，想要靠讀書來完成心靈的自我成長，基本上是不大可能的，因為心靈成長絕不只是知識的增進，或是懂得什麼大道理，躲在書裡成長，往往只是學會更多的合理化或自我欺騙。

可這本書有點不一樣。

對這本書的「讀」，是很具體的行動。意思是，真的要照著文字讀出聲音來，當聲音出來，就開始變成跟自己說話，也就是啟動了自我對話，藉由書中的文字，以自我對話的形式，逐漸鬆動、軟化桎梏心靈表層的痂。

第二個重點是「慢」。如同作者的建議，不要一次將本書念完，最好每次只看一點點，慢慢讀著書中的文字，細細地跟自己對話，然後書中那種看似冷靜平穩的語調會逐漸開始產生力量，讓人觀看自己的感覺微妙緩和地柔軟起來。特別是對書中一些很像格言或人生哲學的話語，這些話不是用來讓讀者感覺「嗯，很有道理」用的，而是期望讀者把這些語句融入心中，彷彿是個智慧長者對自己心靈的語重心長。

部分原因也是由於本書對於一些重要的內在心靈轉化的歷程，寫得有點太過言簡意賅，例如處理罪惡感的部分，短短一頁，三個步驟就結束了，乍看之下，覺得不過爾爾……。但是，如果你真的願意好好讀、慢慢讀、誠實讀，就會發現，光是第一個步驟就足以在內心翻攪、衝擊個好一陣子。

然後逐漸塵埃落定，心理慢慢安靜了之後才開始讀第二個步驟，這又是個漫長的心靈轉化之旅，而且還常常會不時自動跳回到第一個步驟，反覆來去……。再之後才是進入第三個步驟，依然耗時長久但卻不疲累煩悶，反而更像是度個長假，一點一點地感受自己內在逐漸鬆解、清澈，乃至慢慢長出力量。

所以，真的需要慢讀、細讀，慢慢讀給自己的內在心靈聽，像媽媽讀床邊故事給孩子一般。在實際的心理治療過程，幫助來訪者面對罪惡感，其實大概也要經歷如此長期歷程與階段，所以作者才建議本書挺適合作為諮商師的工作指南。

本書的一大特色在於：原書名叫做「當個成熟的成人」，於是作者也就真把讀者當作成人來對待，書中幾乎沒有實例與故事。實例與故事總能誘發童心，讓讀者逐漸像個孩子般地受作者引導，在不知不覺中被作者寫出的故事左右。我猜測，作者把讀者當作成人，相信讀者自身就充滿故事，有能力，也必須在閱讀中將自己的生命歷史投入閱讀中，以自身的豐富歷練與書中文字對話呼應。

細細讀，慢慢讀，讓每一個文字、話語、提醒、叮嚀，安靜地進入自己的人生遭遇，然後等待自己內在心靈做出回應，並且觀看心靈所發生的變化。

就像個靈修者在修行一般，只是這裡沒有香火、梵音或經文，不必打坐或祈禱，一切都在讀者的慢讀中發生，很微妙的，很難說出緣由，但是會發生。

你準備好開始慢讀了嗎？

（本文作者為淡江大學教育心理與諮商研究所副教授兼所長）

專文推薦

開展與回歸，歷程與當下

鄭存琪

每個人都是古老的靈魂。

我們在無盡的時空中，體驗生命，了悟生命，回歸本質。從生活中的境遇與困擾裡，我們逐漸瞭解：在這一期的生命中，我的學習課題為何？我為何而來？而在內心深處，隱微不安的心，有意識或無意識地驅動著我們，探尋著亙古以來的生命奧祕：我是誰？我從何而來？又將往何處？

在診療室這個神聖的場域裡，來訪的個案談論著自己的生命故事，描述著內在英雄之旅中所呈現的身心感受。不管是在哪個階段：是不願意跨出天堂、走入人間歷練的「天真者」；感覺被遺棄、被背叛、怨天尤人、憤世妒俗、無助無望的「孤兒」；在犧牲奉獻中，壓抑自己的需求，討好他人，卻被忽略，覺得不公平、不甘心的「犧牲者」；在尋找自我中，逃避責任、無法採取行動、自我懷疑、茫然、疏離的「流浪者」，或是在奮鬥努力的過程中，過度自我中心，在人際關係中產生問題的「鬥士」，每個階段與所帶來的功課都是珍貴而有意義的。

這些哀傷、憤怒、恐懼等強烈的情緒經驗，讓個案離開了原先穩定的狀態，在迷惑、矛盾、掙扎的旅程中，學習覺察自己的感受、想法與動機，更深入地瞭解自己在抗拒或逃避什麼，學習收回自己的投射，承認與瞭解內在的需求，進而逐漸學會接納自己、欣賞自己，並開始為自己負責。當個案能夠有意識地穿越生命課題的艱苦考驗後，內心的轉化與蛻變總是十分深刻。

這段從心理到靈性的漫漫長旅，跋涉過程絕對不輕鬆。許多個案常希望能有一些書籍或課程，來幫助自己去看見困擾的來源，學習如何處理它或與之共處。在看完這本《回歸真我》之後，深深地感覺：這正是一本回應我們的需求而寫的好書。作者細膩地描述在這段從自我（ego）到本質我（Self）的旅程中，可能遇見的問題或挑戰，幫助我們釐清心中的疑惑，並提供許多寶貴的說明與建議，讓我們能夠比較順利地進入成人階段，熟悉與運用自我健康與成熟的力量來實現自我，並且朝向靈性開展、揭露本質我的方向前進。

本書的脈絡清晰。首先，由於現在的我，是植基於過去的生命經驗；童年階段的成長歷程，尤其是需求未被滿足或創傷未處理時，會明顯地影響我們對自己與外在世界的安全感與信任感，阻礙或干擾成人階段的開展。作者教導我們透過哀悼，來看見、接納、瞭解與療癒這些深沉的傷痛與隨之形成的習慣，把它轉化成未來成長的力量。

為了進入成人階段，作者提供了十七個原則，幫助我們培養成熟者所需要的自我肯定的能力，為自己負責。而「為自己負責」，正是成人所需要的核心特質之一。而透過區辨「適當的」與「神經質的」兩者不同的反應，來說明經歷成人階段的三個挑戰（恐懼、憤怒、罪惡感）的歷程時，可以如何處理，並在焠煉中建立自我價值與自尊。作者在人際關係的章節中，說明如何在關係中維持個人界線，以及享受親密關係。事實上，經由外顯的人際互動，常讓我們更清楚地瞭解，自己目前是一個怎麼樣的人，擁有哪些內在特質，扮演著哪些角色與運用哪些面具，以及目前無法接受自己的哪些部分。試著學習和自己的陰影為友、接納它、讓自己完整，以尋回個人隱而未現的內在力量。此外，學習觀察夢境，在象徵與隱喻裡，瞭解潛意識所要傳達給我們的訊息，也是瞭解自己的重要途徑。

健康而成熟的心理，對於靈性的探尋，是很有幫助的。心理與靈性的歷程不同。從心理的角度來觀看人生，我們會有「從問題到解決」、「從不安到心安」的歷程感，彷彿我們被改變，有個自我得到成長。但從靈性看來，當下即是圓滿，超越好壞、對錯、自他、起點與終點等二元分別，自性自然地流露無條件的愛，無分別地盈滿一切。成熟的自我能夠信任自己、允許任何事物的發生，並且有能力放下自我的觀點，讓自性揭露的心靈歷程自然地發生。

這是一本難能可貴的好書，值得想要追求心理成長與靈性旅程的妳／你，慢慢閱讀、細細感受。

（本文作者為佛教慈濟綜合醫院台中分院精神科主治醫師）

台灣版序

讓光透進來

我很高興這本書即將在台灣發行中文版。自從這本書（此指英文版）在一九九一年出版以來，已經再版了許多次，且已售出十萬本。這讓我覺得自己幫助了許許多多的心靈，而這點對我來說非常重要。

這幾年，我收到了許多讀者因受益於本書而寄給我的信。一封令我難忘的信是，一位讀者說，這本書讓他覺得，不管我們的生命變得多麼不堪或困難，我們所有人仍然充滿了希望。事實上，這份希望也一直是我堅定不移的信念。

我原本為這本書取的書名是「讓光透進來」。我同意我的讀者所說的，這本書讓樂觀的光芒能夠從人類的處境發揚出來。這樣的光其實一直都存在於我們裡面，並且總是圍繞在我們四周。我們並不需要做什麼，只要讓它自然地散發出來，然後就可以用不會消逝的愛，來傳遞給與我們同行的旅者。

想要成為一個心理上和靈性上都健全的成人，這本書的主題會是一個很棒的方式，幫助每一個人讓自己內在的光能透出來。

我相信那道光芒是我們真正的本質，而那份愛，在用健康的方式傳達出來時，就是我們將它表現出來的方式。我很高興發現了這個道理，也很感激能有這份恩典將之付諸文字——且如今，能為你們以中文呈現出來。

大衛・里秋

二〇一二年於聖塔芭芭拉

原書序

喚醒內在的沉睡幽靈

我們擁有越來越完美的眼光，好觀察這個總有更多事物可以看的世界。

——哲學家德日進（Teilhard de Chardin）

這是一本關於「如何當個成熟的成人」的指南。你或許注意到了，書中包含兩個主題：首先是活出成熟的成人自我（ego），然後超越這個自我，以釋放本質我（Self）的靈性力量。這是榮格（Jung）所提出的「自我／本質我軸心」（見第十二章）。這是一段英雄之旅：**藉由**成人的責任感，我們**離開**毫無效率的習慣，**進入**靈性意識（spiritual consciousness）。完整的成人階段，既要心理健康，也要兼顧靈性（spirituality）的完整。

心理健康有賴於個體用負責、歡悅以及自我實現的方式，去處理自己的生活和人際關係。靈性是指自我在不依附的情況下，用積極的生活態度回應當下（儘管有些組織化宗教可能會用脫離現實或純然超驗的方式來呈現靈性）。

在我作為臨床心理學家的執業經驗中，我得到一個結論：**無條件的愛**是情緒和精神健康的基礎，而快樂、成熟的人總是會擷取一些訣竅，讓他們既能慷慨地展現自己的同理心，同時又能妥善地顧好自己。我將自身的專業經驗和個人生活中所做的觀察，集結在這本筆記形態的書中。

這本指南的書寫方式非常精要，我建議你一次只閱讀一小段，默想單一句子或一段引言。不要草率讀過，只要與這些觀念共存，你將會發現，在探索你個人故事的觀點和困境時，這些觀念讓你受用無窮。

伴侶們則可以大聲朗讀某些段落，然後討論你們彼此的反應。

個案們可能會發現，這本書可以當成他們治療方向的檢查清單。

我們每個人內在都藏有一些沉睡的幽靈：它可能是不曾被彰顯的神祕論述、未曾休止的昔時哀戚、內心的猜疑、自我懷疑、被放逐的寂寞感，或是某種神祕的意義。這本書會對這些幽靈一一點名，它們將從沉睡中甦醒，開始登上舞臺。它們發聲的形式可能包括一種突然的頓悟、一種從未被承認的連結、一種感覺被點燃的內在連鎖反應，或是一種事情終於塵埃落定的喜悅。你將會看到，那個很久以前就被剝奪了權利的「自己」又站出來表達立場了。

當這一切發生時，你就可以把這本書放到一旁，以一種狂喜來聆聽那壓抑不住的贊許之聲。

這音樂便從水面輕掠而來，悄然飄至我的身旁。

——莎士比亞名劇《暴風雨》

寫在前面

我們的心理和靈性，不會因為年齡的增長就自動邁入成熟階段。要獲得心理與靈性的成熟，需要我們持續而殷切地完成一些功課，包括深入瞭解自己的真實狀況，並面對隨之而來的挑戰。

本書將會幫助你：

瞭解困擾你的反應的來源，問問它從何而生

- 如果來自你的陰影，學習與之友善共存的方法，見頁 205-210。
- 如果來自你的自我，學習如何放棄控制，見頁 33-42。
- 如果來自你的孩提時代，學習哀悼並繼續往前走，見頁 59-69。

處理你的恐懼

- 承認你感受恐懼，見頁 73-88。
- 充分地感受恐懼，見頁 97-100。
- 讓自己彷若無憂無懼一般，見頁 160-163。

處理人際關係的問題

- 面對問題、加以處理，並與它達成共識，以改善與人們的關係，見頁 164-171。

瞭解你自身的靈性轉換

- 接受你在採取了這些步驟後所獲得的禮物，見頁 42-46，195-200，227-244。

前言

人類轉化的英雄之旅

當你不再受縛於欲望和恐懼……當你在時光之流的各種形式中遍見永恆的光芒……當你跟隨著自己的恩賜……機會將在你認為不可能的地方出現……世界都會尾隨而協助你。

聖小西蒙（Saint Simeon the Younger）說：「我看見祂在我的屋子裡。祂毫無預警地出現在日常生活中，完全與我合一，毫無間隙地跨越到我面前，以致我們之間無所阻隔，就像火可以照耀鐵、光可以穿越玻璃一樣。而且祂讓我像火、像光，我變成以前目睹過的、我從遠方看過的那樣。我不知道如何讓你瞭解這樣的奇蹟。我生來具有人性，因恩典而得神性。」

英雄及其最終的神祇，追尋者及被發現者——這兩者都得以被瞭解，就好像單一的自我回映之奧祕的內與外，它與顯像世界的神祕是一致的。偉大英雄的偉大事蹟，就是瞭解這個多重存在中獲致的統一體，然後讓這樣的知識為眾人所知。

——神話學大師約瑟夫‧坎貝爾（Joseph Campbell）

自我及心理功課

我們的意識生命（conscious life）的中心，稱為「自我」，它有兩個並存的特徵：一種是**功能性**（functional）的特徵，具有基礎有力的行動原則，因為這樣的原則，我們才能作出一些智能上的評估與判斷，適當地表達我們的感覺，同時善用技巧與別人交往。

此外，當自我變得既依附、耽溺，又兩極化、武斷時，它就呈現出**神經質**（neurotic）的特徵，它會驚惶、想要控制、過度期待、誇大感受，並認為自己應該獲得特殊的待遇。但是這樣的自我欺騙，只會讓我們被神經質的自我卡住。所謂的心理健康，是讓我們越來越以功能性自我的立場生活，同時經由心理成長，讓神經質自我的能量被釋放及轉化。

心理成長的功課有許多形式：自我肯定、經驗回顧、哀悼失落、身體勞動、改變行為腳本（behavioral repertory）、建立自尊、感覺的昇華、解夢、生活方式的重塑等等。在我們準備好的時候，這些功課能帶來領悟及改變。我們可以相信，只有在我們已經準備好要面對時，才會看到那些功課；唯有在我們具有力量去完成功課時，心靈和環境間「愛的平衡」才會呈現我們知道的成果。

本質我和靈性工作

心靈整體（包括意識和潛意識）的中心，即為**本質我**[1]。「本質我」是我們內在原型的整體，它能夠在「自我」的兩股相反力量之間創造持續的平衡。舉例來說，本質我可以調和「努力」和「不費力」、「傷害」和「寬恕」、「控制」與「臣服」、「衝突」與「接納」、「介意他人的缺點」以及「無條件的愛」。本質我可以進行這樣的調和工作，因為它完全是無條件的，是包羅萬物的愛。

靈性的成長，就是將這樣無條件的愛，體現在我們的性格和行為中。這份存在於我們內在的愛堅不可摧，它充滿熱情，因而易見。

1 編注：在榮格的理論裡，自我（ego）只是個人意識的中心，本質我（Self）才是整體心靈（包含意識與潛意識）的核心，它涵蓋了完整的心理與靈性的意涵，也是個人自我認同的原型。

本質我的狀態是完整而完美的。藉由心理成長，我們被**改變**，而在靈性成長中，我們被**啟示**——就是在日常的意識生活中，展現自己的內在完整性。就像心理學家卡爾・榮格（Carl Jung）所說的：「知道我們無時無刻不是被理性又堅不可摧的奧祕所包圍……這是一個療癒性的發現，邏輯可以忽視心靈的事實，卻無法抿滅它。」

靈性工作包括一些實際練習。就像自我的功課一樣，它不是達到目標的手段，而是為我們準備轉化歷程所需的條件，只是它並不擔保成果。這些練習會微妙地發揮作用，包括：冥想、身體工作、想像、詩歌、夢境原型探索、儀式、注意內在的智慧、神話及有意義的巧合與心電感應。

英雄與英雌們的故事，通常描述了他們離開家鄉，經歷千辛萬苦，進入全新、未知的領土，然後帶著擴展的意識回到家鄉的旅程。這種旅程包括三個階段：啟程、掙扎、回歸，這正好比喻了我們從神經質的自我到健康的自我，乃至靈性本質我的歷程。神經質的自我堅持握有控制權，害怕本質我浮現，因為本質我對「未知」總是全盤接受。自我對於本質我的恐懼，可說是「有條件」害怕

「無條件」。諷刺的是，這是一種對於大無畏的恐懼。自我總是一再地破壞我們的整合性。

我們要放下對幻覺的依附，這是啟程；我們要努力在性格和人際關係上變得更清楚、更有責任感，這是掙扎；我們因來自於我們存在的更高意識（無條件的愛）而開悟，這是回歸到我們原本的完整性。

啟程讓我們不再害怕；掙扎帶來整合；回歸造就轉變。

在本書中，我們將藉由很多方法探討離開和掙扎，這些方法包括：處理童年時期的腳本，自我肯定（問自己我們想要什麼，清楚自己的感覺並加以負責），處理恐懼、憤怒和罪惡感，建立自尊，維持個人界線，建立真正的親密關係，有彈性地整合自己，以及與自己的陰影為友。

這些歷程都能給予我們力量，讓我們離開那個擔心受怕卻又執著不已的自我所建立的日漸內縮的城牆，讓我們跨越門檻，進入有效率的成人生活。然後，我們有力的自我（能夠處理恐懼和欲望）將邁向讓我們能無條件去愛的超越性自我。我們的旅程是自恐懼出發，經由這份能力而朝向愛！

啟程

藉由放開神經質的自我，從被制約恐懼的遏阻中離開。

掙扎

藉由建立健康的自我，掙扎並離開舊我，成為不被制約和有能力的。

回歸

藉由釋放靈性的本質我，能夠無條件地愛而回歸整體性。

啓程與掙扎

當我們偏執並緊抓那些我們誤以為會讓自己快樂或幸福的事物，就是被「自我」給束縛住了。我們會執著於掌控那些過去非常努力才掙得的所謂幸福事物。

想要從這樣的糾纏中解脫，首先要釋放以下這些幻覺：

第一個幻覺是「**我是一個與周遭事物分離的實體**」。只有「自我」才會用這種二元性的眼光看待事物。當我們在意識中進步時，就能享受另一個觀點（靈性本質我的觀點）所看到的統一，以及明顯對立事物之間密切的結合。

自我版本中的二元論會讓我們產生混淆，將原本緊密無縫的現實分成好與壞、我們和他們。這是敵對衝突的根源，並且會要求別人為了順應自己的想法而改變。

從這個二元論中又衍生出第二個幻覺：**世界上有一種永生不息的東西可以填補我的寂寞，並且回應我的需求**。這種主／客二元論會導致「浮士德的錯誤」（Faustian error），認為某些人、地、事或信念等等，可以讓我們免於面對成人挑戰所需要的改變和過程。它把上天的福佑或恩賜想像成一項商品，可以獲得、失去、發現、贏得或擁有。

當我們冒了極大風險釋放這個幻覺，我們將會發現，上天的恩寵早已存在，而且一直在我們之內，就在這個當下，而非彼時。唯一的奧祕是，我們仍與它錯身而過。

一旦開始和生活中的真實之人與真實環境往來，我們將發現自己內在的興奮，如同女作家阿娜伊斯・寧（Anais Nin）在她的日記中提到的：「每一天真實的愛撫，會取代虛幻的愛人。」

下一個功課是釋放「**為了生存，我們要掌控或必須去控制**」的幻覺。我們害怕周遭和自身可能發生的改變，我們害怕可能要面對的風險或面對感覺的壓迫。我們害怕失去贊許而無法存活——一個童年的模式。

其實，所有的恐懼，都是害怕成人階段的到來、害怕即將要面對的現實（那些我們無從決定和選擇的現實），也害怕在事情到來時不顧後果地放手一搏。實際上，當我們打出「我『正在』或我『可能』會失去控制」這段文字時，情緒螢幕就呈現著「恐懼」。

我們不肯主動放棄控制，通常要等到發生一些事，才會無可爭辯地發現，自己已經控制不了了。在這種自我崩盤的條件中，我們才終於學會放手。巨大的失去是必要的，就像熱氣球必須丟棄沙袋，才能迎風高飛一樣。

最後一個必須釋放的幻覺，就是「**應得的權利**」。這是一種不合時效的信念，認為我們在成年後，仍舊應該像嬰兒時期那樣受到照顧。我們會誤以為每個人都理當信任我們，每個人都應該用愛和尊重來對待我們。當別人不認真看待我們的期待、不給我們特殊待遇，也無法不求回報地深愛我們時，我們會非常生氣。我們會把這種信念應用在每個人身上，從我們的親密伴侶到在高速公路上超我們車的司機。

釋放這樣的幻覺，就是毫無抱怨地接受上天給予的一切，不論它給我們一手好牌或壞牌。莎翁名劇《哈姆雷特》（*Hamlet*）中說：「無論命運帶來的是打擊或是獎賞，你都欣然接受。」人類可能碰到的每一種遭遇都是合理的，接受這一點，是一種謙遜的態度。在面對存在的條件時，我們的「權利」變成「謙遜」。我們甚至可以相信，生存條件和危機會協助我們前進，只要我們整合它們，而非擾亂它們。

下面圖表的例子，說明我們可以擁有哪些選擇：

我接受：	我以左列選項來整合它：	我以左列選項來阻礙它：
失落	悲傷	否認、怪罪、後悔
被拒絕	悲傷，並從中得到訊息	喪失自尊或對別人復仇
我犯的錯誤	修正	轉移責任或掩蓋，或者只知痛悔、自責，卻不求修正
病痛	尋求療癒的方法	否認或沮喪
天災	重建	扮演受害者角色

努力與恩典

在英雄的故事中，召喚英雄踏上旅程的形式，可能是失落、沮喪、錯誤、受傷、無從解釋的渴望或某種使命感。當上述任何一種狀況發生時，我們正是被召喚去進入一個過渡期。這種情況經常需要我們放下些什麼，就像德國哲學家艾克哈特大師（Meister Eckhart）所言：「我們注定要失去一切，靈魂才可能站在不受阻礙的虛無之上。」這其中的弔詭就在於，失落是通往獲得的路徑。

與這樣的召喚合作，就是藉由個人的努力，釋放幻覺、統整所有發生的事。對人類而言，最大的困境在於要同時完成**放手**和**把握**的任務！然而，所有努力去達成這種弔詭的英雄們，也同時會收到神的幫助、恩典的隱喻、他人的指導以及無法用意志控制的力量。意識選擇恩典，配合我們以足夠的新力量去面對每一個被接受的挑戰（這些恩典有點像物理演化中「量子跳躍」的心理對價物）。

我們努力的腳步，會隨著毫不費力的轉移而往前躍進。這種適切的組合明確地定義了真正的英勇，也就是「努力地度過苦痛，然後我們就能被苦痛自然地轉化」。也因此，我們就不會像榮格所提醒的那樣：「被命運拖著朝向一個無法逃避的目標，但那明明是我們可以抬頭挺胸去接近的目標。」

帶著光明回到自我

回歸，就是完成我們的生命目的：清楚地表達我們潛意識力量中的意識。神經質的自我已經發揮功能，而如今我們應該服膺靈性的本質我。這個本質我不是獨特而分離的，它在每個人身上都一樣。我們即將帶回家的禮物，就是我們的覺醒，一種帶著人性和自然的整體性。心理學家肯恩．威爾伯（Ken Wilber）說：「在無界線的光明覺照之下，孤立的自我幻覺立刻融入宇宙整體中。」

這樣的覺悟，讓我們得以展現既有宇宙共通性、又不具任何條件的愛。現在我們知道，愛，是超越自我的真實認同。就像所有的英雄旅程一樣，我們的努力會終結在我們開始的地方！禪宗詩人白隱（Hakuin）用一種完美的方法將之總結：「所有的開端都源自於一開始的啟明：這具佛陀的非常軀體、這個蓮花極樂的非常之境。」

如同《尤里西斯》（*Ulysses*）所描述的，我們離開了熟悉又舒適的家鄉綺色佳（Ithaca），認為自己的旅程是要前往特洛伊（Troy），結果只發現，我們的掙扎不過是帶我們回家的簡單計畫，讓我們變成更老練、更明智的真正帝王。

就像回頭的浪子一樣，我們離開父親的家這個熟悉的規律中，認為自己的旅程會遠離家鄉，結果卻發現這是個將我們帶回家的旅程，只是再回家的我們，已經有能力去給予和接受清明而無條件的愛。

不那麼依靠……奇蹟……治療的力量忽然從遠方靠近我們，但因為我們的知覺變得更細微，有一段時間我們的眼睛可以看見……總是圍繞在我們身邊的事物。

——美國作家薇拉・凱瑟（Willa Cather）

本書的每個章節，都會強調並整合英雄旅程的這三個階段。而章節的安排，是依照這三個主題中各自的中心焦點。下面的大綱也許可以協助你對應自己的旅程：

第一部及第二部（第一章到第八章）包含了第一和第二個主題：從神經質的自我啟程，經過掙扎成為功能性的自我。

- 心理工作的個人層面：第一章到第六章。
- 心理工作的關係層面：第七章及第八章。

第三部（第九章到第十三章）探討了第三個主題：利用擴展的精神意識回歸整體性。

第一部　個人的成長功課

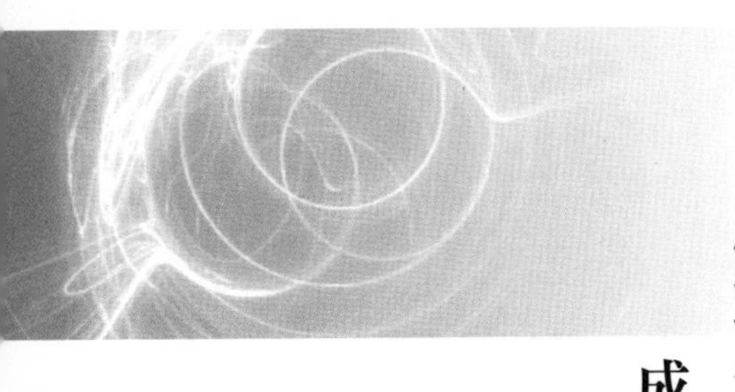

第一章 成長的痛苦以及獲得成長

我們離開的家、我們建立的家、我們治癒的家：
我們的童年經驗將如何影響我們在成人階段的關係。

基本需求

我們天生就與愛、安全、接受、自由、注意、感覺的確認、生理保留等情緒的需求不可分割。健康的自我認同，奠基在這些需求的滿足之上。英籍心理學家溫尼科特（D. W. Winnicott）說：「只有在嬰兒被擁抱時，『我是……』（I am）的自我認同才可能被持續，否則就有失去自我認同的危險。」我們的自我認同，來自於**愛**。

在我們一生中，這些需求時時刻刻都被我們所感覺、所記憶，只是我們沒有聰慧到可以隨時意識到它們的存在。一開始會感受到這些需求，是因為我們處於一種必須依賴他人才能存活的情境下。而在成年之後，我們可能還是會感覺到，真正的生存，是奠基在發現別人能夠滿足我們基本需求之上。

然而，早期的原始需求只有在童年階段才能被完全地滿足（因為那時我們無法獨立）。在成人階段，我們的需求可以有彈性地或部分地被滿足，因為我們都互相依賴，而且這時的需求也不再和生存息息相關。

◆當大部分的需求都有在童年階段被滿足時……

- 他對於人際關係中如何滿足需求的合理分配會感到滿意。
- 他會知道如何無條件地去愛，並且絕不容許這段關係被傷害或停滯。
- 他能夠將信賴從別人移轉到自己身上，當別人展示信賴時，他會感受到忠誠；當別人背叛時，他也能夠處理自己的失望和沮喪。

◆當大部分的需求沒有在童年階段被滿足時……

- 他會誇大需求，變得無法被滿足或對需求上癮。
- 他會創造一種情境來重演早期的傷害和拒絕，並且尋求一種會引發及維持自我傷害的關係，而不是面對或化解的關係。
- 他會拒絕注意自己受到多大的虐待、多麼不快樂，並利用各種藉口托詞，希望改變或勉強自己順應一些不會改變的事物。
- 他會隱藏自己的情緒。「如果對我而言唯一安全的事，就是讓我的感覺消失，那我怎麼會讓自己為了被愛，而允許自我揭露和展現脆弱？」

- 他會重複童年時的錯誤，將負面的注意力與被愛混淆，或是將神經質的焦慮和對他人的掛念混為一談。
- 他會害怕接受真正的愛，害怕別人的善意或自我揭露。實際上就是：現在的他無法接受他當初沒接受到的東西。

內在的孩童

我們的問題所在，不是孩童時期的需求未被滿足，而是到了成年時期這些經驗仍未被「哀悼」（unmourned）！那個受傷的、被剝奪的、被背叛的孩童，仍然活在我們身體裡面，想要藉著哭訴他的失落及渴望，來和痛苦道別，並且從目前關係裡來自需求的壓力中解放出來。事實上，需求本身無法告訴我們，我們有多麼需要別人；它告訴我們的是，我們多麼需要哀悼那個不可逆轉的貧乏過去，並喚醒我們內在的養份來源。

眞我／假我：無條件／有條件的本質我

我們的**真我**（True Self）有著自由的能量、衝動、感覺和創造力，它甚至可能威脅到我們的父母。畢竟父母在他們童年時可能也是受害者，從未有機會表明自己的委屈。他們教導我們如何根據他們充滿恐懼的規範行事，某些規範可以導致合理的社會化，某些則對我們的自我認同有所危害。

接著，我們又設計了一個**假我**（False Self），讓它可以符應我們父母的要求，並維持我們在家庭中的角色。我們認為只有在這些界限內，才有所謂的安全可言。這些「界限」成為一種長期維持的習慣和模式，也因此成為我們的限制。雖然它們原本是一種明智的選擇，但是現在已經不符合我們的最佳利益，它們經常取悅別人，卻貶損自己。瑞士心理學家愛麗絲．米勒（Alice Miller）寫道：「從費盡心力、自我傷害中所得到的愛，對真我毫無意義，卻對取悅他人的假我有所價值。」

一旦我們哀悼這樣的失落，就等於釋放了我們隱藏於內在世界中從未使用、從未揭露的特質，我們也因此能夠注意到，我們對自己的感覺可以有多好。背負的重擔減輕之後，我們甚至會注意到人們更愛我們了。

對於表露真我的恐懼，會被包裝成以下的話語：「如果人們認識了真正的我，就不會喜歡我了。」我們把這個句子改成：「我有足夠的自由去說、去做任何我想要的事，表露出我真正的樣子。我喜歡以真面目示人。」

成人階段的關係

每個人在童年時期所感受到的愛，方式都各有不同。對某些人來說，被認真對待就表示愛；有些人在乎的是關注、身體接觸、給我們禮物、為我們服務、忠誠等等。沒有一種人人適用的客觀方法可以表現愛。**愛是主觀的：每個人都會用自己習得的方式來解讀它。**美國著名思想家愛默生（Ralph Waldo Emerson）曾經這樣說：「在我們少數與靈魂對話的記憶中，我們標記了光亮，這使我們的靈魂——那說出了我們所想的、告訴我們自己已知的、准許我們成為的那個內心的自己——變得更明智。」

作為一個成人，當別人給予我們類似於早期生命所接受的原初之愛時，我們就能感受到自己被真誠地愛著。當伴侶之間瞭解對方感到被愛的方式，並且彼此告知時，成人之間的關係會有最好的運作。我們可以為自己的伴侶量身訂做愛的表達方式，也因此，我們能夠開放自己，用一種全新的方式去感受被愛，這種方式也擴展了過去舊有的限制。

當然，我們也可能會被迷惑，以為別人是真誠地愛我們，但其實他只是利用我們感到被愛的方式，而不會在未來持續地愛我們。

無論何時何地，要求愛都是合宜的。但是要求任何其他的成人（包括我們現在的父母）去符應我們最原始的需求，卻是不公平而且不切實際的。大多數成年人在童年時期都受過有意識或無意識的心理創傷，此外在情緒上也有未處理好的狀況。如果放著這些不處理，我們就注定會重蹈覆轍。童年時期未處理的創傷，會成為成人階段讓人挫折的生命腳本。對「完美伴侶」的幻想、對無法改變或無法脫身的關係感到失望，或是不斷發生在關係中的誇張反應，都會洩露出我們個人未被滿足的原始創傷和需求。我們努力從別人身上拿回我們曾經失去的，然而，我們喪失的可能永遠都無法彌補，我們只能哀悼它，然後放手讓它離開。唯有這樣，我們才能夠像個成人一樣和別人來往。就如同愛默生深刻觀察到的：「當半仙離開時，真正的神祇才會下凡來。」

一個成熟的成人不會被關係中的負面刺激所吸引——人們總是企圖用這些負面刺激來處理自己未被重視的童年難題。但諷刺的是，這樣的企圖常常會讓童年的生命腳本重複發生。只有個人的內心責任感和哀悼功課（griefwork）才能夠讓童年的創傷就此落幕。

我們的身體會記憶童年時面對的可怕或虐待的場景。然而諷刺的是，這種對記憶的承諾，也是對保密的承諾。我們無法有意識地回憶或訴說過去發生了什麼事，但是在關係發展時，我們的過度反應會帶來線索，同時又讓我們困惑：「當她靠近時，我為什麼要把她推開？這種親密感曾經在過去傷害過我嗎？然而我的心智告訴我，我一直想要像這樣被人所愛……」

可能要花上好幾年，而且要在合適的場合或遇到合適的人時，我們才會被解放，從此瞭解並能夠訴說自己的故事。當這樣的機會到來時，記憶會回復，我們將首次聽到自己用言語來表達。這種深刻的釋放，可以讓我們進入沉重的哀悼治療工作。

一個成熟的成人也能夠分辨「和伴侶間現在的衝突」以及「未竟之事重現時帶來的壓力」兩者之間有何不同。強烈的感覺會警告他，過去的刺激又出現了。他會坦然承認這個感覺和過去發生時一樣熟悉。對於自己的過度反應，他會承擔完全的責任，而不會牽連現在身邊的人，或認為終究會走上過去的結局。這是從現在的壓力去追溯過去的苦難，要努力解決的是原因，而非結果。

我們在成人關係中的困境，是多麼觸動內心又令人困惑！事實上，我們試圖在同一時間內，又要把握又要放手。我們熱切地希望能把握住每一個細胞都熟記的愛——那種給我們慰藉的愛；但同時我們又絕望地希望能遠離每一個細胞都牢記著的傷害——那種持續傷痛的傷害。一段真實的關係是一場嚴峻的考驗，在這樣的考驗中，使人類成熟的任務——把握與放手——將得以完成。我們會因為現在接受的愛而被滋養，同時努力跨越過去曾經遭受的苦難。

現在的愛與傷痛，和過去的愛與傷痛息息相關。一旦我們認知到自己的狀況是一直持續的，就可以清楚地看到自己的功課。一段關係——特別是成年後的第一段關係——會讓我們站在最佳位置完成這個任務。我們的伴侶會刺激愛和傷痛，然後在理想狀況下，他們會支持我們用健康的方式來回應這些愛和傷痛。看看當我們逃離愛或生活中常有的傷害時，我們將失去多少成長的機會：我們會失去與自己過去歷史的連結，也無從治療它們；我們會失去專注當下的機會，所以無法讓過去成為歷史，而活在沒有負擔的現在。

哀悼與放手

原初的苦痛會變成不朽的醇酒。

——薄伽梵歌

面對失落，悲傷（mourning）是一種合宜的反應。它可以經由以下的階段進行，進行的順序和時機則因人而異。

◆**第1階段**

緬懷所有我們親見以及／或者感受到的苦痛、遺棄、背信或虐待。對於已發生的事，不需要有特別的記憶。我們身體的記憶比心智記憶更可信，光是**感覺到**被剝奪或失落就足夠了。

◆**第2階段**

我們要先完全地承認、經驗並且表達感覺（像是傷心、受傷、憤怒、恐懼）之後，才能產生果斷的行動（感情昇華）。例如，眼淚可以表達傷心，但不會化解傷心，在「哀悼工作」（grief work）中，眼淚是沒有用的。

我們可以直接對相關的人表達情感，也可以在治療中闡述，或者說給我們自己聽。重要的是，這一次要在哀悼的過程中與那些失落、悲傷道別。

背叛、拋棄、拒絕、失望、羞辱、孤立等等都不是感覺，而是我們這麼相信。這些判斷會讓我們陷在自己的故事中，對「失落」這個赤裸裸的事實棄之不顧。這些判斷，每一種都是在狡猾地怪罪別人，每一種都在撫慰、溺愛以及合理化我們受傷的自我，每一種都會讓我們偏離哀悼的真實感覺。怨氣和牢騷會破壞哀悼的工作，只有憤怒而不怪罪才能夠完成這個功課。

◆第3階段

帶著對父母以及對自己的憐憫和力量，重新經驗過去，可以治療我們的記憶。想像自己以一種自我保護的態度，對過去的虐待與傷痛暢所欲言。這包含了每一種哀悼領域都該有的六種自我肯定，父親和母親要分別處理。

☆以下是治癒記憶的典範

1. **記得失落時的傷心和憤怒。**「失落」包括任何未被滿足的需求，以及任何虐待、羞辱、拒絕或否定。

2. **對於自己開始學習彌補這樣的失落，要充滿感激。**記住並恭喜自己，你發現了某些明智的操作方式，可以在童年階段照顧你自己。雖然背叛和傷害永遠無法被合理化，然而為了與它們分離，並發展出敏感、有深度、堅忍不拔、自我抵抗以及同情心，**每個人都需要承認傷口的恩賜之處**。聖經中的約瑟在成就他那了不起的命運之前，也被他的兄弟背叛過。

3. **想像自己在童年時充滿自信而切實地暢所欲言**。描繪出你童年時的住家，以及一個你曾經被虐待或被忽視的場景。現在再形成一個印象，讓你自己在過去相同的場景中充滿自信且成功地自我保護。帶著力量再度經驗同樣的過去，但你已經不再是受害者了。

4. **寬恕我們的父母**。這種自發性的惻隱之心是最好的信號，用來化解我們的感覺。只有在憤怒和傷心都被充分表達、宣洩後，真正的寬恕才可能發生。神學家保羅．田立克（Paul Tillich）說：「寬恕是最高層次的遺忘，因為它雖然還記得，卻已經不放在心上了。」

5. **現在不再期待別人應該要滿足自己的需求**。

6. **好好照顧自己的需求**，想像我們在童年時如何妥善地照顧自己的需要，現在我們也如此照著做。

☆以下是我們應該要說出來或寫下來的六種自我肯定

- 在父母無法保護我時，我感到傷心又憤怒。
- 我因而開始學習保護自己，對此我充滿感謝。
- 想像自己在童年時，成功地為自己說話。
- 我原諒我的父母當時未能保護我。
- 我現在不再期待別人應該要保護我（但他們這樣做的時候我還是很感激）。
- 現在的我可以全力並有效地保護自己。

◆第4階段

在我們的哀悼歷程中，可以用某種儀式（ritual）來表達我們感覺到的以及完成的內容。這個儀式可以是任何一種表達型式，用它來重演當時的想法或紀念我們所完成的。以下是一個例子：在紙上寫下事情的整個過程，燒了它，然後用焚燒的紙灰種一棵樹或一盆花，然後對它說「再見」。將哀悼的過程淬鍊成一種對自己的肯定，或是做一個過去的複製品，把它和灰燼一起埋葬，也是一種有用的方法。

◆第5階段

繼續過我們的人生，不要活在無法改變的過去，要像個成人一樣產生「內在滋養的父母」。現在我們不再害怕善待自己，也不再害怕對自己更好、更豐厚，我們會停止剝削自己、停止吸收苦痛。這種「自我養育」對於真正的親密關係是最好的條件，因為就像所有良好親職行為一樣，它是從孤立通往人際關係世界的一座橋樑，能夠終結依賴，並容許我們和成人伴侶平等交往。

現在「需求的滿足」變得豐富了，只有那些能夠照顧自己的人，才能夠脫離成人交往的兩大障礙：「渴求被需要」以及「照顧別人」。美國自然作家梭羅（Thoreau）曾經這樣說：「我會到你身邊，我的朋友，當我不再需要你的時候。屆時，你將發現一處殿堂，而不是救濟院。」

哀悼工作真正的治療力量，會擴展至過去和現在。每一個需要被哀悼的議題都會強調要去關注這兩個領域：你在過去曾經驗過的失落或被忽視，以及你因為當初的傷痛而衍生出來的終生習慣。

例如，你哀悼童年時父母如何拒絕聽你說話。到了現在你進入成人生活，你注意到你會對別人隱藏你的感覺。這種隱藏可能是你會持續一輩子的過度反應，它來自於你的父母當初所下的一道禁令：當初你的父母害怕去瞭解你，現在你害怕被其他人瞭解。

當現在被療癒時，對過去的哀悼才算完成。事實上，與過去傷痛連結的能量，最終會重新投入新的生命方式中。讓我們繼續沿用前述的例子：現在你選擇對更多人揭露自己的更多面向，你放棄隱藏，然後發現自己仍然活得很好。對於你的坦白與開放，會有人拒絕你或背叛你，但也有人會更愛你。然而別人的反應是其次，因為你的恐懼已經轉化成彈性。現在的你，可以從被療癒的過去中發現力量，然後用這股力量去療癒帶著過去傷疤的現在，並且清理過去之船在航行時所留下的軌跡。

畢生的功課

上述的模式適用於任何一種哀悼的情況。哀悼工作可以應用在任何一件我們失落或分離的事物，它的正常階段包括：憤怒、否認（不相信）、討價還價、沮喪和接受。它們會用不同的順序不斷地重複出現在我們的生命中，但隨著每一回出現，它們削弱人心的衝擊會越來越少，為我們帶來的力量越來越多。最後會剩下的，只是一股懷舊之情，一點些微的哀傷，但已經不再帶來苦痛。到最後，我們將保有自己的歷史——但不再被它左右或佔有了。

一個成熟的成人，能夠藉由完全地哀悼和放手，允許過去的受傷事件成為一種中性的事實。藉由這樣的方法，人們可以保留記憶，但也丟棄對傷痛的強迫性想法及控訴，那些想法會害我們依附在過去受傷的腳本中，並損害健康的人際關係。然而，不論我們的哀悼工作完成得多麼完整，對失落的新一層理解還是會持續出現。在這層意義上，哀悼的確是個畢生的功課。

結論

哀悼過去的傷痛，可以化解我們抱持的幻覺以及對自己童年所保持的秘密。一開始，這樣似乎會令人感到害怕，但是當哀悼工作順應其歷程地進行時，悲傷將被深深地釋放。一旦我們允許自己去經歷哀掉的歷程，我們就再也不絕望了。

對於失去了曾經擁有的東西，或是悲傷地認知到我們並未擁有自己所需的一切事物，「哀悼」都是一種非常適當的反應。我們哀悼那些失去的**無可挽回**的層面，以及我們錯過的**無法替代**的層面。只有這兩種領悟會帶來哀悼所擁有的果斷力，因為唯有這樣，才是承認而非否認我們真正失去的人、事、物。從這種深層的接納來看，某些不可逆轉的事物已經結束、成為過去，我們終於不再從我們的父母或伴侶身上，去追尋那些無法被滿足的需求了。因為，去找尋它，就是拒絕接受它全然不曾存在的事實！

有意識地完成哀悼工作能夠建立我們自尊，因為它展示了我們是如此勇敢、忠實地面對失去的事實。它向我們證明了作為一個成人，我們可以對悲傷、憤怒和傷痛說「**是的**」。這種對於真相的英雄式擁抱，能夠把虛空轉化為力量。就如榮格所言：「只要你願意接受，你內在的空虛其實隱藏著豐碩的圓滿。」

我們的心理成長是一段旅程，從我們個人混亂的潛意識到一致的統整意識。我們的靈性路徑將帶領我們前往宇宙（集體的）潛意識和完全的個體化。我們生命中每件事的存在，不論有多麼糟糕，都和內在的療癒力量有關。榮格告訴我們：「和父母一同在許多梯子上上下下的旅程，代表了製造嬰幼兒還未被整合的意識……這種個人的潛意識一定要先處理，否則到達集體潛意識的通道就無法被打開。」

因此，作為一個成人，我們的心理／靈性工作是一趟英雄之旅，因為只有熬過痛苦並且被痛苦轉化的人，才能被稱為英雄。在神話中，英雄的早年生活都充滿了威脅、傷害與拒絕，就像酒神狄奧尼索斯（Dionysus）、摩西（Moses）和耶穌基督。榮格學派的心理學家瑪麗—路易絲・弗蘭絲（Marie-Louise von Franz）說：「神聖之子天生會選擇逃脫，這是黑暗的最後一擊，用以對抗再也無法壓抑的新生力量。」

那些在童年階段自身完善沒有受損的人，那些受到保護、尊重、被父母待之以誠的人，他們不論是在年幼或者成人階段，都會是聰明、有責任、富有同情而且高度敏感的。他們享受生命，也覺得沒有必要去殺害、甚至傷害別人或自己。他們會用自己的力量去悍衛自己，但不會攻擊別人。除了尊重、保護那些比他們弱小的人，包括他們的孩子，他們什麼也不會做。因為他們從自己的經驗就學到了，這種知識（而不是殘酷的經驗）從一開始就儲存在他們內在。這種人無法瞭解為什麼早幾輩的人會以成就世界的平靜和安全之名，建立巨大的戰爭產業。既然在早期他們的潛意識不必抵擋恫嚇的經驗，他們在成人生活中處理恫嚇時，就會更為理性、更有創造力。

——愛麗絲・米勒

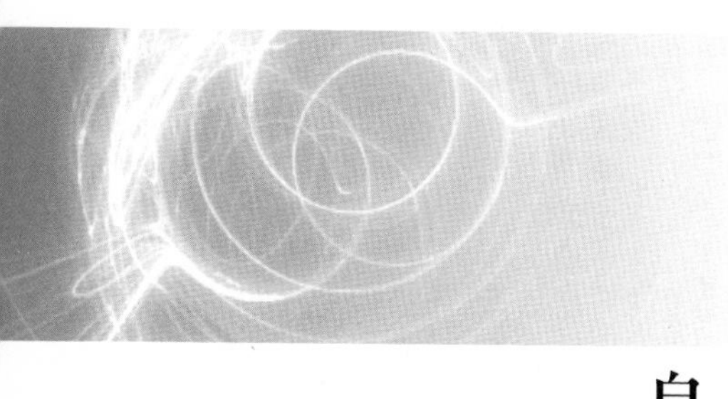

第二章 自我肯定的技巧

對於那些學會放手和接受的人，
沒有什麼事可以困住他們。

——艾克哈特大師

自我肯定是一種個人的力量，可以用來：

——弄清楚自己的感覺、選擇和工作項目。

——瞭解自己想要什麼。

——對自己的感覺和行為負責任。

有益的原則

下列這些原則都可以讓我們看見，從舊習慣到新的行為腳本之間，是如何化為行動的。為了成為有創意而負責的成人，我們要學會拋棄那些代代相傳的無效率行為。

◆第1個原則

在生命早期，你也許會學到以下這些事都是不好的：

- 表達自己真實的感覺
- 公開地付出與接受
- 直接提出你的要求
- 說出自己的意見
- 顧及自己的利益
- 拒絕你不想要的東西
- 對於自己的豐足當之無愧

這些都是會阻礙你擁有力量的禁令，在某種程度上，我們已經將這些禁令內化了，我們讓自己失去力量，也限制了我們成人後的能力。到達整體性的旅程，就是從這樣一個受傷的區域開始。

◆第2個原則

一開始，當你試著自我肯定時，你可能會覺得自己是空虛、細瑣、無禮、自私或苛刻的。這些洩氣式的判斷是來自你的自我批判（通常源自生命早期）。反駁或根除這樣的聲音不需要大費周章，只要表現出你的欲望和需求都是值得的，就可以了。行為可以改變態度，漸漸地，自我批判就會因為被你忽略而失聲，你的自尊也將因而繁茂。

◆第3個原則

練習自我肯定就是要**採取行動**。不要等到你自我感覺良好、或你自認為已經準備好的時候才開始行動，盡可能表現得像個你所能做到最健全的人。讓自己彷若是個自我實踐的人，然後你的信念就會跟上腳步了。在你覺得恐懼的時候就採取行動，不要等到你覺得恐懼已經遠離時才付諸計畫。

「彷若是……」（acting as if，意謂表現得像……一樣）是一種戲劇形式。一個成功的扮演，包括了對比和對立。當我們表現得像個比自己想像中更有長足進展的人時，我們正是用一種創造性的方式，在扮演舊有自我印象的同時，歡迎一個新的自我浮現。這個新的自我存在是被鼓勵的，因為我們在「彷若是……」的過程中展現了自己的形象。

◆第4個原則

自我肯定的藝術，是強烈要求你想要的，但如果答案是「不行」，就放手讓它過去。你踩在「一致的毅力」和「頑固的堅持」之間的微妙間隙上。被動的人不會要求他們想要的東西，具侵犯性的人則會(公開地)要求或(暗地裡)操弄，好得到他們想要的東西。而自我肯定的人只是要求，對自己不猶豫，也不會壓迫別人。

◆第5個原則

自我肯定的態度也許會被其他人解讀為盛氣凌人。如果這種情況發生，你可以：(1)調整你的方法，讓它較不具有威脅性；(2)跟你所愛之人保證，你只是想要追求一些自己想要的東西而已，不是要苛求；(3)承認別人有對你說**不**的權利。畢竟，自我肯定是「有權」而不是「濫權」。

◆第6個原則

「自我肯定」不會讓你傷害別人的感覺。對別人的「傷害」可能是指：

1.你欺負他們，也就是說，你具有的是侵犯性而非自我肯定。

2.你和一位自我肯定的人來往，卻並未開誠布公。

3.這份自我肯定啟動了別人過往的恐懼或傷痛，如《小王子》（*The Little Prince*）所說：「這是如此神祕的地方，是眼淚之域。」

◆第7個原則

和相關的人檢視自己的感覺、臆測或疑慮。如果可能，在採取行動前和一位中立的朋友談論你的決定。這樣做不是因為你自己有所不足，而是因為你承認作為一個人類，客觀的觀察者認為顯而易見而重要的事，卻可能為你所忽略。

◆第8個原則

專注在自我肯定的技巧上，不要因為要和人爭辯而分心，這一點非常重要。

自我肯定不是你用來讓自己稱心如意或贏過別人的一種策略。它是一項非暴力、非競爭的原則，能夠彰顯你自己的價值和誠信。結果是其次，真誠地自我呈現才是最重要的。

◆第9個原則

對於其他人對你造成的負面影響，你可以有所反應，但仍舊承認他們的**正面意圖**。他們的意圖並不能成為他們行為的藉口。「我知道你想要幫忙，但我覺得有壓力，我想按照自己的計畫來完成這件事。」

◆第10個原則

沒有人可以創造你的感覺，也沒有人應該因為你的處境而被怪罪。你是自己狀況的始作俑者，你做過的事都是出於你自己的選擇，不論你有沒有意識到自己想這麼做。你也可以採用另一種想法，就是把自己當作受害者，那麼真正的改變就不可能發生。「為自己負責」永遠都是一盞明燈，指引你下一步該何去何從。

◆**第11個原則**

既然自我肯定代表顧好自己，有時候公開地暢所欲言並不適當。當其他人在失控、施暴，或受到酒精和藥物的影響時，自我肯定的人不要在這時試著說道理或是提出觀點，只要走開。走開就是最肯定自我又最聰明的反應。

◆**第12個原則**

當你忽然間受到不法的威脅或對待時，你可能會因為恐懼而動彈不得。在這樣的壓力下，你也許無法維持才思敏捷。自我肯定的人會想辦法爭取時間，在必須反應前有更多時間好好整理自己的思緒。注意這些與之矛盾的想法：(1)我承認恐懼和脆弱都是真實的感覺，我只是暫時失能而已；(2)我堅持自我恢復的時程；(3)我現在擁有完全的力量，我很高興能恪守自己的時機。

◆**第13個原則**

心裡想要，卻不下決定去做，就是只想要而不做選擇。你可以選擇把事情計畫妥當，也可以選擇不採取行動。「在此情況下，我當如何處理？」這是一種禪宗的說法，顯示出一種自動而肯定自我的進展，讓事情從一個「狀況」進展到「行動」。

◆第14個原則

你可以因為別人的行為**得到訊息**，但不要被它**影響**。你可以觀察別人的行動，但不要回以任何反應，也不要受到它的控制。不論別人怎麼做、怎麼說，或用什麼方法來對待你，你只為自己的劇本而採取行動。

◆第15個原則

你可以要求別人瞭解、聆聽、承認你的感覺，但你不需要他們的確認。你的感覺有它的價值存在，而且每當你展現自己感覺的時候，就是在確認、肯定你自己。同時，當你肯定自己的時候，也就是在肯定別人的感受。你讓他們知道他們的感覺都是合理的，而你也關心他們的感受。這樣的「確認」與其說是自我防衛（self-defense），還不如說是給予自己力量（self-empower），准許你經由這樣的過程來降低自己的感覺，以避免面對它們以及因為引發它們而產生的錯誤罪惡感。

◆第16個原則

自我肯定可以讓情況變得更清晰、更有價值。所以，當你和別人起衝突時，如果你誠實地展現自己、表達你的立場，你就比較容易對結果感到滿足。

你的滿足不再來自於別人是否承認你或同意你，你也不會再希望自己有機會作更多解釋。你更不需要回頭再三說明，以糾正別人對你的印象。「我以我當時能夠理解的真相來述說，這就夠了，就算我或許能用更有效的方式來說明也一樣。」

◆第17個原則

自我肯定會讓人感到恐懼和冒險。冒險的意思是指「對結果失去控制權」。

當你可以自我肯定的時候，就不會再試圖去控制周遭環境或別人的行為。當你依附於控制時，就等於背叛了你內心那個無懼的自己。

自我肯定：擁有自己的力量——健康自我的表達

1. 態度明確

- 當你肯定的時候說「是」，當你否定的時候說「不」，當你不肯定的時候說「也許吧」（注意，自我肯定是一種清楚的狀況，但不是對凡事都一定要有確定的立場）。
- 公開地表達自己的感覺、選擇和工作項目。
- 檢視自己的幻想、懷疑、恐懼以及你關心之人的直覺。心理學家艾瑞克·艾瑞克生（Erik Erikson）說：「為什麼我們認為把臉轉開只是看向別處（而非逃避）？」
- 告訴別人，他們對你的判斷、傷害或怪罪，你都「恕難接受」。

2. 要求自己想要的

- 弄清楚別人所傳達的訊息。
- 確認自己的感覺。
- 培養並感激有建設性的批評。

3. 負起責任

- 接受別人有對你作出判斷的權力。
- 要求別人對你展現他們的感受。
- 認知到你對自己的感覺負有完全的責任。
- 直接與相關者解決你尚未處理好的情緒和感覺，或是用你自己的治療方式來處理。
- 承認你的錯誤、短視以及過錯，同時加以修正。

被動：交付你的力量——恐懼自我的表達

被動是：

- 因為覺得說了或做了之後**可能**會有什麼事發生，因而拒絕表達感覺、不採取行動或拒絕下決定。
- 替別人的傷害性行為找藉口，不願意直接處理。
- 過度有禮：總是把別人放在第一位，或對別人的插隊和干擾避不作聲。
- 因為義務（一種害怕的形式）而行動。
- 掩飾問題，好讓（你本人或他人的）真實感覺無法浮現。
- 過度承諾：長期付出卻只贏得微少的感謝，而且還引發更多必須忠實完成的要求。
- 面對他人有偏見的標籤或玩笑時，畏縮或不表露自己的反彈。
- 用「把過去合理化」或「現在可以理解」的心態，去看待自己受到的虐待，然後拋棄自己。

- 對不滿足的情境或關係委曲求全，或者只是「希望」情況會改變，而不下決定去做。但這樣其實**不是在改變，只是做了「選擇」**。

侵犯：將力量用來控制——好戰自我的表達

侵犯是指：

- 企圖控制或操弄別人。
- 中傷、侮辱或責難別人，好把別人踩在腳下，甚至在朋友面前諷刺或開玩笑。
- 營救他人：幫別人完成他們可以自己完成的事。把別人當成受害者或幼童，好讓自己站在支配的優勢上。
- 情緒或肢體暴力。
- 好強，試圖證明別人有錯。
- 對那些無禮或傷害你的人懷抱惡意或復仇心切。

自我肯定者所擁有的基本權利

1. 任何時刻，你都可以跟生活周遭的所有人要求你想要的全部東西。
2. 享受情緒上和生理上的安全感。沒有人有權傷害你，即使是你的愛人。
3. 改變心意，以及犯錯。
4. 對於以下兩件事，決定自己何時該負責任？是否該負責任？
   - **替別人的問題找到解決方式。**
   - **關心別人的需求。**
5. 在你不一定能依照別人的時間安排行事時，說「不行」或「也許吧」，而且不會有壓力。
6. 可以作出不合邏輯的決定。
7. 擁有秘密，並自行決定你要透露多少關於你個人和生活的秘密。
8. 自由地決定是否要解釋你的選擇（包括在拒絕時，你不需要給藉口或找理由）。

9.當你認為狀況合適時，不再堅持。

10.對你的伴侶、父母、子女或朋友，維持同樣的原則、技巧和自我肯定的權力。

◆自我肯定的小結論

自我肯定是肯定自己的實相，但也接受別人的實相。

你要求自己想要的，並實現自己的反應。

你分享自己的感受，並接受別人的感受。

你展現負責任的態度和方法，也要求別人同樣負責任。

練習自我肯定會讓你瞭解，不論現在的困境有多麼侷限住你，你還是有其它的可能性。

你的選擇有別人支持，這能讓你遠離沮喪的感受，讓你不再覺得自己是個受害者。取而代之地，你會以有力的、成人的、自信的方式，繼續邁向自己的人生。

就像住在山谷裡的人跨過了高山，看到平原，現在你知道，那個警告你「不要越界」的標誌，並不等同是障礙。

——愛麗絲・米勒

想要達成自我肯定，我們必須和接下來這三個重要議題達成協議：恐懼、憤怒和罪惡感。這些對成人的挑戰，將在接下來的三個章節中分別介紹，讓我們對於自我肯定的探討更為完整。

第三章

成人階段的第一個挑戰：恐懼

確信我們身上不會發生任何事，這是無懼的基礎。

——高文達喇嘛（Govinda）

恐懼的定義

恐懼是一種感覺，是我們面對眼前危險時的反應，是我們無法接受的事實發生時所採取的拒絕態度。就像所有的感覺一樣，恐懼奠基在主觀的信念上，這種信念認為，某種特定的刺激帶來了威脅。

適當的恐懼會引導出「逃或戰」（flight / fight pattern）的反應，這樣的反應是在平靜的情況下被激發的。它通知我們有危險需要避免或消弭，因此這種恐懼對我們是必要的。

神經質的恐懼也採用「逃或戰」的模式，但從未真正執行，它只是一種讓我們在社會裡平順生活的良好感覺，它會阻擾我們，讓我們產生自我限制。

神經質的恐懼讓我們知道，什麼是我們無法順利整合的。例如：學習游泳，可以消除我們對水的恐懼。因為事實上，游泳正是讓水（主觀的威脅）與我們整合為一的方法。我們因為技巧和知識的獲得（學會游泳）而適應了原本的恐懼，和它友善相處，並且不再因為它而覺得不舒服。我們現在帶著意識和能力親近水，這些元素讓我們看到整合，而且，我們也能感覺到水的刺激以及它提供的歡樂。減少恐懼，會讓我們更有活力。

恐懼是愛的相反，因為它是完全條件式的。它讓我們遠離水，它非常排外。愛則是總括一切的。當我們說「愛趕走恐懼」，意思就是說無條件和意識的整合，勝過了忽略和抑制。

事實上，每一個問題都有我們難以整合的麻煩。這個事實告訴我們，恐懼是我們所面臨的障礙的底層。安置這些恐懼的元素，會幫助我們用更多意識去經歷它。

負面的亢奮

神經質的恐懼是未經整合的亢奮，而恐懼的能量是一種被阻礙而引發的亢奮，只要我們全心主動地和威脅我們的事物共處，它就會被釋放。要如何做到這一點，將在本章討論。

負面的亢奮是一種痛苦的壓力形式，這種痛苦是因為我們對某樣事物既害怕又想要。這是一種讓人上癮的能量，通常來自過去的某個情緒事件，因為我們日常生活中的糾紛或障礙而被激發。

負面的亢奮會讓我們在功能失調、受虐、弄巧成拙的環境中，被困住好些年。有時候，它好像帶有一種目的性，因為它讓生命腳本持續重演。當產生負面亢奮的目標離開了，我們可能還會覺得沮喪，甚至相信自己的生活已經失去了意義。

處理負面亢奮最好的方法，是將它視為一種「癮頭」，並利用「共依存者無名會」(Codependents Anonymous）的十二個步驟方法來復原。

合理化

「合理化」會讓我們把各種恐懼和癮頭堅持和維持下去，「把事情合理化」讓我們有理由拒絕改變。「我害怕主動接觸，因為我可能會被拒絕。」這種恐懼並不是**真正的目的**，只是可能的狀況，但是我們給的理由（合理化）維持了這個僵局，並讓我們持續恐懼的反應。

以下是合理化讓恐懼持續存在的三個方法：

- 「理由」讓我們免於驚訝與意外，因而能夠繼續保有控制權。但實際上，這會讓我們事與願違，因為「理由」抑制了我們的彈性，而彈性正是我們統整恐懼的必要條件。
- 「理由」封鎖了我們以成人方式解決問題的途徑。我們習慣於各種長期持有的信念，這些信念讓我們失去改變的觀點和流動性。
- 只要我們持續拒絕去面對我們的恐懼，「理由」就會讓恐懼的慣性一直維持下去。

諷刺的是，這三個我們以為可以保護自己免於恐懼的方法，只是保護了恐懼本身。將事情合理化是一個哨兵，但它守護的不是我們，而是我們內在的恐懼。

對某些人的恐懼

為什麼某些人會使我們感到恐懼？

1.我們可能會因為某個特定的人喚起我們內在無法控制的感覺，而感到恐懼。**如果你害怕的某個人是你所信賴的，直接跟他承認你的畏懼和理由。**「我怕你不會贊同我，如果我被你拒絕，我會覺得受到傷害。」很矛盾地，你可以藉由誇大的說詞來淡化這個過程：「如果你拒絕我，我怕我會死掉！」

在你每一次面對恐懼時，大聲地承認，你就會看出它幽默的層面以及相當主觀的源頭，漸漸地，恐懼就會退縮成尷尬！

如果你害怕的是某些你無法信任的人，那就想辦法離開它或用你個人的支持系統（朋友、療癒方法等等）來處理，以改變自己的狀況。停留在沒有勝算的壓力和苦痛中，要承認自己的限制、又不傷害自己，這需要勇氣。持續這種限制，會侵蝕你的自尊，並且讓你不斷停留在恐懼的反應中。

2.當我們注意到別人所投射的恐懼，那個人也許就會害怕。例如，她可能害怕親近，並且利用兇悍的方法來維持距離。**如果你懷疑別人害怕你，但她並未承認，你應該以公開秘密的態度直接詢問：**「你是否害怕我太親近了？我不是故意這樣的，讓我們談談你想要的親密和我想給的親密。」

3.經由無意識或有意識的線索，你會發現某些特定的人，會引發來自父母或童年時期的恐懼。當我們感到無助，或因為太害怕以至於無法防衛自己時，這種現象特別容易發生。**探索你的恐懼，找出它們的根源。如果它們源自於生命早期的經驗，對它進行哀悼工作**，這可以治療那位嚇壞了的孩子，細節已經在第一章描述過了。

4.某些人會反射出我們的陰影。當我們認為別人比自己「更了不起」，用正面的說法是敬畏，從負面來看，就是恐懼。事實上，我們害怕自己內在那些尚未整合的、值得讚賞或可鄙的特質。如果那是陰影的恐懼（Shadow fears），利用第十章的指導原則來處理，然後**為你自己的恐懼負責，這樣的態度會讓你有所突破。**

處理神經質的恐懼

承認（Admit）：對你自己、對事情的相關人士，以及／或者對任何你信任的人，**承認**你的恐懼。承認會劃破否認，達到真實。這種注意力將釋放我們原本拒絕去要求或應用的治療和力量。

允許（Allow）：完全**允許**自己恐懼，不要企圖去壓抑或避開恐懼。

行動（Acting）：害怕就是怯懦，所以要**採取行動**。和恐懼一起行動，就是克服它的勇氣。採用「彷若是」（表現得像什麼一樣）的方法時，以下是一些有幫助的技巧：

- 從橫膈膜深呼吸（因為焦慮的呼吸是從胸椎開始）。
- 讓自己專注於那些會增加寧靜的影像。
- 要求朋友的支持，或者想像一位強悍的朋友陪伴著你，當作是指導員或教練，用這種方法來獲得內在支持。

獲得的結果

用來處理恐懼的「三A法」（Admit, Allow, Acting），是以它的三種面貌無條件地和恐懼接觸，它能將那些似乎無法吸收的「不」，轉化成可以被整合的「是」。

以這個方式，我們能夠接觸到自己的生機與活力，也就是被恐懼所阻擋的正向刺激。這樣的能量能夠進入所有的複雜、虛構、防衛和合理化，然後被重新投注在個人力量和免除恐懼上。「面對這個恐懼，我是無力的」會變成「在我以為『此路不通』的地方，我找到了出口」。

畢竟，恐懼的惡魔伎倆，就是這種表面上看起來的「缺乏選擇性」。和恐懼**一起**運作，就能夠找到並確認自己的另一種選擇。法術會被施術者破解，鑰匙一直都在鎖頭上！沒有什麼事會嚇到我們。每個人的經驗都是可以吸收、同化的，這是同理心的基礎。

「整合」是處理恐懼的主要結果。第九章將再提供更多細節的解釋。一旦一個恐懼被處理好，它的能量就會被解放，並使我們過得更加快樂。注意人類演變的矛盾之處：恐懼會阻礙能力，恐懼的整合卻會釋放並獲得力量。

我們恐懼……	**我們可以這樣整合……**
失落	放棄依附
改變	調整
自我揭露	自我接受
寂寞	支持系統
親密感	承諾
權力	自我肯定
各種感覺	接受弱點
空虛感	陪伴
失敗	放手一搏
成功	自尊

在沒有出路的時候——也就是非常時刻——當最終的危機到來……我們會從內在爆炸，力量會突然浮現，一種不知道來源的安全感，將超越理性、合理的期待和希望，泉湧而出。

——法國社會學家埃米爾·涂爾幹（Emil Durkheim）

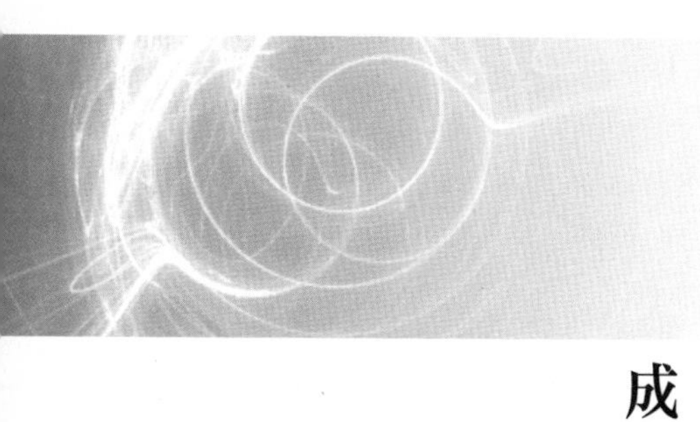

第四章

成人階段的第二個挑戰：憤怒

用最深刻的感覺連結到生活情境中：不要從自我的立場，它只會哀歎自己的命運同時反叛它，而是要從……更廣大的內在法則會因為重建和重生，而將個人眼界中狹隘的境界遺留在身後。

——馬克斯．澤勒（Max Zeller）

憤怒的定義

憤怒是我們每個人都經常經歷到的自然情緒，為了維持心理健康，憤怒需要被表達。憤怒是一種對於意見不合、傷害或不公不義說「不」的感覺，也是一種信號：代表我珍惜的東西有危險了。

憤怒的生理能量，來自腎上腺素「逃或戰」反應中，「戰」的那一邊。

憤怒的心理能量，則來自真實或想像中的威脅感。因此，即便有時憤怒的基礎並不合理，它仍舊可以被合理地表達。我們表達一種感覺，是因為它對我們是真實的，而不是因為它有客觀的理由。

我們可以主動地表達憤怒，我們通常是以提高聲音、改變臉部表情和姿勢，以及刺激和不愉悅的表示，來直接顯露憤怒。

我們也可以被動地表達憤怒，這是侵犯性的被動。例如，一個人不承認自己生氣，卻用力推別人一下，或者是以拖延、講別人閒話、保持靜默、拒絕合作、缺席、抵制以及引人痛苦的怨恨等等。被動的憤怒並不適當，也不是成熟之人處事該有的模式。

當憤怒被強烈地表達出來時，稱為「勃然大怒」；被強烈保留下來的憤怒則是「恨」；未被表達出來的憤怒是「憤慨」。憤怒可以無意識地表達，也可以被內化，這會轉為沮喪和憂鬱，也就是對內的憤怒。

當我們有意識地壓抑憤怒，我們可以選擇不要知道或不要顯現。這麼做的動機通常是恐懼，但我們很少會承認恐懼。相反地，我們替壓抑找到合理的藉口：禮貌或社會禮儀，因而不認為自己需要處理憤怒的情緒。

對表達憤怒的恐懼

對於公開地表達憤怒，為什麼我們會覺得這麼不安？我們也許會發現，在生命早期展示憤怒是危險的。至於為什麼會學習到這種觀點，乃是經由兩個主要途徑：

一、在童年時期表現憤怒，可能代表著以後不再被愛或被讚許，但到了現在，我們卻彷若這個等式仍舊通用一般。把這個過時的等式處理好，可以引導我們解放自己的體認，知道憤怒和愛可以共存在真實的親密關係中。憤怒就像其它任何一種真實的情緒一樣，不會影響、損壞或取消真正的愛。

在任何一段自由而允許彼此親密的關係中，憤怒都是不可避免的。「讓我們自己被別人接觸，也讓我們自己被別人傷害。」美國著名的臨床心理學家約翰·威爾伍德（John Welwood）曾經這樣寫道。容不下憤怒的愛不是愛，只是恐懼。成熟的人愛別人時，會表露自己的憤怒，也歡迎別人的怒氣。因為這是個讓真相解放我們自由的方法。

二、表面上看起來，接收憤怒可能是危險的，因為我們生命早期的憤怒可能就帶來了生理上或心理上的暴力。但這其實並非真實的憤怒，只是一種看起來很像憤怒的誇張反應而已。真實的憤怒並不會帶來危險、距離或暴力，但是誇張反應卻會。在這樣的情境下，誇張反應意味著自我中心、帶有說明故事情節的操弄性反應。很多人從沒見過真實的憤怒，只見過誇張反應。

誇張反應和真實的憤怒

我們必須區分憤怒（真實的感覺）和誇張反應（避免真實的感覺）。需要英勇的行動才能放棄誇張反應，展現負責任的憤怒。神經質的自我固守負面亢奮，而成人的功能性自我喜歡真實情感表達的正面亢奮，然後他們也得以被解放。

誇張反應	真實的憤怒
驚嚇聆聽者	知會聆聽者，讓聆聽者注意
故意對別人保持沈默	有意和別人溝通
隱藏落空的期待或害怕失去（幻覺的）控制感	保留傷心或失望，承認它們
因某種感覺而怪罪他人	為自己的憤怒負責
一種策略，隱藏要別人改變的要求	要求改變，但允許別人改變或不改變
是暴力的、強勢的、失控的、嘲弄或處罰的	非暴力，總是控制在安全限度內

壓迫真實的感覺	表達自我肯定的反應
封堵其它感覺	與其它感覺共存
因為受傷而恐懼的自我被刺激，而製造壓力	釋放個人真我的活力
一直被保有、持續，而成為憤慨	是一種信念，可以和自我揭露一起放下
堅持讓別人看到何謂正義	無須別人的回應

◆把這種區別應用在被拒絕的經驗上，注意兩種反應的差別：

誇張反應	真實的憤怒
是一種對於被拒絕的抗拒反應，會製造出人際間更大的距離，以作為懲罰手段。	是一種對於被拒絕的親密反應，會縮短人際間的距離，容許被拒絕的存在，不帶長期怨恨。
基於憤慨，因為覺得自己沒有得到在潛意識中認為自己應該得到的，例如：被愛、被忠實對待。	基於過去發生的不愉快事件，但知道這種感覺是基於主觀的解釋。

我們經常說，憤怒是「次級情緒」，因為它會掩蓋像悲傷或恐懼等另一種情緒。注意，真實的憤怒就像其他所有感覺一樣，可以和其他的感覺**共存**。真實的憤怒從不能掩蓋其他感覺，但誇張反應就會。還有什麼可以像誇張反應那樣掩蓋地那麼好？

「持續憤怒」也是不可能的，因為憤怒其實是一種最短的情緒，它無法被「持續」。一旦憤怒被完全表達，釋放和放手就會隨之而來。我們持續的不是憤怒，而是一組故事情節，讓戲劇無限次上演。

憤怒和信念

就像其他所有感覺一樣，引發憤怒的不是一個事件，而是我們對於事件的信念或解釋。

讓我來說明這個典範，臨床心理學家艾爾伯特．艾里斯（Albert Ellis）清楚地解釋了這個過程：

一個**行為**（A，即 Action）發生（可以任意詮釋）。

我的**信念**（B，即 Belief）用特殊的方式來解釋這個行為。

結果（C，即 Consequence）發生：一種出自於信念的感覺被行為激發了。

所以

A：發生了什麼？

B：我相信什麼？

C：我有什麼感覺？

看起來好像是 A 引發 C，但是需要注意的是那個未現身的 B。A 唯有透過 B 才能夠引發 C！

這是個心理連鎖反應，一個刺激並未造成另一個。A 並沒有導致 B 或 C，單獨的 B 也沒有導致 C。是 A 觸發 B，而 B 觸發 C。

這說明了我們為什麼要對自己的感覺負責任。其他人用他們的行為引發了我們的反應，但是如何解釋這個行為，則是我們自己賦予的。我們接著產生的感覺並不是別人的行為造成的，別人只是觸發而已，他只須對這個引發行為負責，但最後的感覺與他無關。這是我們自己的責任。

處理憤怒

利用上面的典範，來界定讓你憤怒的實例。弄清楚刺激事件（A）以及你的憤怒（C），接著承認，除非是因為我相信的某種信念（B），否則他的行為（A）不會引發我的感覺（C）。

以下是一個例子：

A：你不守信用。

C：我生氣了。

B：我相信我值得被公平對待。

我以為你是個誠實的人。

我覺得你的背叛讓我受辱了。

現在，你可以從你對「失信」的解釋後面找出至少四種信念：享有權利、期待、背叛、受辱。現在，將這些信念對照你自己的生活經驗，特別是童年時期。你之前被背叛過嗎？早年生活中的這些背叛、背棄和虐待是否被哀悼、處理過？如果沒有，它們現在還保有原始面貌並苦惱著我們。信念和憤怒都是未結束的情緒事件的一種信號，這個事件重新打開了過去的舊傷口。現在你可以開始看到，你對當下這個刺激的反應中，有多少是你自己的責任。**憤怒指向仍有感覺的痛處**。

最後，享有權利、期待和侮辱，都是神經質自我的問題。那些建立了更多功能性自我的成人，會看穿這類誇張反應中的力量與伎倆。藉由釐清自己真正想要的，同時承認自己有時候做得到、有時候沒辦法，來讓自己放掉「享有權利」的信念。他們放掉單方面的期待，同時要求相互的共識。他們在受辱時要求修正，但避開那些不斷拒絕尊重他們的人。

剖析憤怒的經驗會讓我們更瞭解自己，更清楚自己的功課，也能對自己的反應更加負責。現在，我不再認為自己是受害者了；我已經具備自我肯定的能力和自尊，同時也確認自己的憤怒是合理的。憤怒仍舊是真實的，即便它的起因非常孩子氣，或只是一種基於過去經驗的遙遠信念而已。

肯定憤怒

- 我接受憤怒是一種健康的感覺，我會檢視憤怒背後的信念，以及它引發的個人經驗。
- 我為我的感覺負責，它們是合理的，也都是我的感覺。
- 我表達自己的憤怒，但我選擇不要用報復、賭氣或怨恨等攻擊性的方法來行動。
- 我擁抱更多關於自己和世界的成熟信念，現在我的憤怒會因為一種存滿訊息的正義感而點燃，但沒有「受辱、傲慢自我」的層面。

有活力的能量

憤怒是一種鮮活的強烈能量，它對我們的發展很有價值。我們可以利用自己的憤怒，去掙脫自我和恐懼的束縛。我們跟隨著憤怒，來到自己尚未制式化的心靈領域的源頭。憤怒可以激發我們的力量，它不是我們該丟棄或否認的，它是可以提昇、轉化我們的東西——只要我們允許自己去感覺它、展現它。

在情緒湍流的強度中，就有內涵價值、能量……去修補問題。

——榮格

第五章

成人階段的第三個挑戰：罪惡感

所有的自我認識，都必須付出罪惡感的代價。

——神學家保羅・田立克

適當的罪惡感與我的實相

適當的罪惡感可能會在不道德行為發生前產生，也可能在行為之後出現。它來自內在整體的共鳴(良心)，根據每個人對罪惡的判別標準來評估我們的行動。人本心理學家卡爾．羅傑斯（Carol Rogers）說：「我們擁有與生俱來的身體智慧，能夠幫助我們辨別出可以實現及無法實現我們潛能的經驗。」這就是說，當我們偏離自己的實相時，功能性的自我會告訴我們。這種罪惡感代表了我們的完整性已經破裂，或者是自己和別人之間的自然平衡遭到擾亂——這個平衡會因為承認和補償而恢復。

神經質的罪惡感與它們的實相

神經質的罪惡感，是將外在要求或命令予以內在化的後天習得反應。為此我們已經和別人真正的想法脫節。這種罪惡感不會因為修正和賠償而放下，反而會緊跟著我們。它的源頭是神經質的自我，它通往內在的衝突，而非內在的平衡。

罪惡感不是一種感覺，而是一種信念或判斷力。適當的罪惡感是一種面對自我的判斷力，它會帶領我們通往解答與決心。神經質的罪惡感也是一種判斷力，但是它通往的是自我挫敗和徒勞的苦痛。適當的罪惡感能夠在和解與補償中得到解決，神經質的罪惡感則是在處罰中被解決。在適當的罪惡感中，我們會有一種要負責任的感覺；但是在神經質的罪惡感中，有的只是責怪。簡單來說，適當的罪惡感是一種成人的反應；而神經質的罪惡感，是我們內在那個充滿恐懼的小孩才會有的表現。

負罪感的伎倆

在產生神經質罪惡感的每一次經驗中，都有一些我們拒絕承認的事實。這種罪惡感是一種我們用來逃避感覺和真相的策略：

1. 對恐懼的偽裝

阻礙我們採取行動的罪惡感，可能是一種害怕自我肯定的偽裝。因為罪惡感會跟隨著害怕失去愛和讚許的恐懼。我們可能害怕自己不被喜歡，或是害怕自己偏離抑制太遠而失去控制。事情發生前的罪惡感會麻痺我們，讓我們被困住或處在被動中；隨著事情而來的罪惡感則會讓我們感到羞愧，並且害怕被報復，或是害怕以一種新的方式被認識（或自我認識）。

2. 忽視責任

神經質的罪惡感會把我們限制在單一過程的合理行為中。在這方面，罪惡感抑制了我們的想像力，而想像力是做選擇的重要基礎。一旦我們受困於罪惡感，就看不到可能性，也無從得知我們真正想要什麼。這就是罪惡感顛覆我們決斷力的方法。

在行動後產生的罪惡感，或是省略一個行動而產生的罪惡感，也會縮小我們選擇的力量。如果我們認為自己有罪，就不會那麼有責任感，也就不會投入了！

然而矛盾的是，罪惡感可以讓我們擺脫眼前困境，卻也同時產生了一種錯誤的正義感。

3. 憤怒的面具

罪惡感也可以是一種合理化的憤怒，針對受尊敬的父母、權威人士、似乎對我們有義務的朋友，或是抑制我們的那些人。我們會相信，感覺或表達這種憤怒，是不安全或錯誤的。然而，這只讓我們犯錯，而且未表達的憤怒會內化成為罪惡感。因此，罪惡感會讓別人脫離困境，我們卻會因為憤怒而虐待自己。

4. 閃躲真相

有時候，罪惡感會用來逃避一個自己無法接受的事實。例如，在童年時期，與其面對令人苦痛的真相：「我的父母不愛我」，我不如相信自己是有罪的、不符合他們的期待，然後他們對我缺乏關愛，就全都變成我的錯。「他們對我有滿腔的熱愛，但我不值得他們來愛。」

對自己「不當行為」的罪惡感，會隱藏住真相，使人即便到了現在，都不知道自己該去面對，或讓一切過去。在這個面向上，罪惡感讓我們處於別人的力量之下，也就是「我試圖取悅別人」。取悅別人以及這種不足的感覺，同樣來自自我懷疑的掠奪野性。

處理罪惡感：邁向健康

◆處理神經質的罪惡感

要完全消除神經質的罪惡感是不可能的。容許這樣的罪惡感存在你心中，但不要讓它引導你做出主動或被動的反應。**帶著**罪惡感做決定，但不要**為了**罪惡感而做決定。只要注意，你的罪惡感可能被什麼所掩飾。它是恐懼的面具嗎？或是拒絕負責任？還是試圖否認真相？每一次你經驗到神經質的罪惡感時，你都要承認它是一種逃避的信號。然後罪惡感會消散，你就能對著被掩藏在罪惡感之下的真實刺激和感覺說話。罪惡感會變成它一向的面貌：一個概念，但非戒律；

一種信念，但非判決；一種想法，但非事實。

恐懼是一種受阻的刺激，憤怒是一種點燃的刺激，罪惡感是一種錯誤的刺激。

◆處理適當的罪惡感

消弭適當的罪惡感既不必要，也很危險。當正常的平衡被擾亂時，合宜的罪惡感會幫助我們瞭解。適當的罪惡感不像神經質的罪惡感會持續存在，它會因為承認、修正和肯定而自動消失。

利用以下的「三A原則」來處理適當的罪惡感：

1.承認（Admission）

直接對相關人士承認你傷害了他，或是承認自己對他採取了不負責或忽略的行為。請求聆聽他感受到的痛苦，這樣你也經歷了那些痛苦，而且完全瞭解自己的行為及其後果。最終，這個有力的方式會讓你為自己的行動負起完全的責任。

在這個過程中，與人的關係會出現真正的親密性。

2.修正（Amendment）

修正有兩種方法：第一，停止行為；第二，直接補償。如果原來的人已經不在或未準備接受你的修正，可以補償給慈善單位或其他替代的人選。如果你的修正包括了未來也會致力於改變這個行為，那麼這個修正就是真誠的。而沒有被修正的悲痛，就是悔恨，它會降低自尊，也會抑制我們從罪惡感中釋懷。

3.宣言（Affirmation）

跟隨著處理罪惡感而產生的宣言有兩種形式：

首先，善用本書最末章的任何一句宣言，只要它能引起你的共鳴。為自己設計一段專屬的宣言會更有效果。

接著，因為你做出了成熟的選擇和決定持續做下去，而對自己說出宣言（祝賀），這會讓消弭罪惡感的過程自動增強。

在這三個步驟之後，會有一種靈性轉化產生：你會對自己和別人更和善、更體恤。現在，你不再會在第一時間去指責別人，你注意到「當下無法接受的行為」和「過去或早期生命中習得的事物」之間的關連。換句話說，你在體諒的情境中看見自己（以及別人）。

然後，你讓自己**負責**而不是**責怪**。責怪會引來耗費情緒的自我拒絕，負責任則會引發真正的修正以及較高的自尊。藉由體諒和責任，我們確認了自我原諒，這是「自我實現」真實而最終的名號。密宗說：「拉我們下臺的，正是把我們拱上臺的力量。」

到了中午，島嶼降到地平線下；我們眼前只剩下寬廣的太平洋。

——小說家赫爾曼．梅爾維爾（Herman Melville），《歐穆》（*Omoo*）

第六章 價值觀與自尊

在我窗下綻放的玫瑰，和先前的或更美好的玫瑰並沒有不同，它們就是玫瑰……對它們而言，時間並不存在。玫瑰就是玫瑰，活著的每一刻都盡情綻放。

——詩人愛默生（Ralph Waldo Emerson）

擁有心理和靈性意識的人，會依照一個逐漸發展而成、前後一致的價值觀來行動。所謂的尊重，是看清某樣事物的價值，並且澄清這樣事物對我們有怎樣的意義。

價值觀的特徵

1.價值觀是有機體，也就是說，它們用一種自然的方式在我們內在產生。價值感不是憑空而來，它是你內在世界的領域。事實上，價值觀就是你的自我認同感。你會因而尊敬、看重你自己。

2.你的價值觀是在眾多選項中有意識的選擇。認識自己的價值觀，就是認識你自己，因為你的選擇會顯露你這個人。

3.你的價值觀會經由言說和行動透露給別人知道。你的行為是決定你的價值的最後因素。這是別人信任你的方法：他們看見你的一致性。你以自己內在的選擇來行動。

4.當你越來越意識到自己的價值觀，你也越來越願意去宣告它們——即使這會讓你的安逸感和野心付出很大的代價。人們會尊重這樣的言行一致，也會讚賞你或感激你。你不是為了別人的讚賞或感激才這樣做，但別人的這些反應會讓你高興。

5.關於去判斷這個世界、判斷你或是其他人該怎麼做的那些深植於心、毫無彈性的信念（固執），是奠基在僵化的判斷和過去的恐懼之上，它們的基礎不是「價值觀」。這種隱祕不明的固執會讓你不自由，也會抑制你的自我完整地浮現。它會戕害你的自發性、滲透性，最終還會扼殺你的惻隱之心。榮格說：「想要表達費解的事物時，不模糊和不矛盾的方式都太過單一面向了。」

6.我們的生機與活力，在於付出與接受的能力。強硬與偽善會在慷慨的好客人面前關上大門。「對那些想要保有心理動能的探索者而言，判斷和封閉正是最大的危險。」哲學家約翰・立利（John Lilly）曾經這樣寫道。

個人的價值和角色

我們的個人價值會讓我們自己和別人認識我們。以一個非常真實的層面來說，我們的存在就是我們自己所珍惜和展示的價值。

會對罪惡感、看起來很糟糕、或對懲罰表現出恐懼，是因為我們的價值觀還沒有機會去完成我們生命中的首要任務。我們不斷地感覺到「**不值得**」。如果我們的行動是來自罪惡感，或者來自別人會如何評估自己的恐懼，我們的自尊將會受損。

然而，「擁有價值」並不代表我們的行動和動機就是純正的。有意識的成人有能力去維持有矛盾本質的動機。期待一個利他的抉擇中完全沒有任何一絲自私的動機，或者一個慷慨的決定中完全沒有任何一點偽善的元素或義務感，這都是不真實的。負面的元素絕不會敗壞正面的元素，它們會共存，就像影子和光亮共存一樣。成人關係的重點只在於**比例**。「比起上一次，這回我多帶入了一個純粹關心的元素。」

意識到價值觀

要意識到那些尚未發展的、蟄伏中的價值觀，我們可以遵循以下的指導原則：

1.相信直覺。這些內在的訊息會讓我們知道，什麼是要深感光榮的？什麼是要避免的？

2.注意你自己做的選擇中有多少讓你覺得美好。做出更多讓自己覺得美好的選擇。

3.與某個你信得過的人、社群或自助團體，一同來檢查你的動機和選擇，然後帶著更客觀的訊息，做出你自己的決定。

4.注意那些你強烈讚許的、在別人身上的價值。根據你讚許的價值觀來行動，同時也承認罪惡感是你行為動機的一部分。

5.漸漸地，轉變發生了。因為罪惡感而引發的動機開始減少，被價值觀所促發的動機開始增加。依照價值觀而行動會使你感覺更加安適，你也會更愛自己。然後自尊就會受到助長，而自我貶抑也會消退。

意識到它無窮的價值，就不會從屬於它。

——禪學大師鈴木俊隆（Shunryu Suzuki）

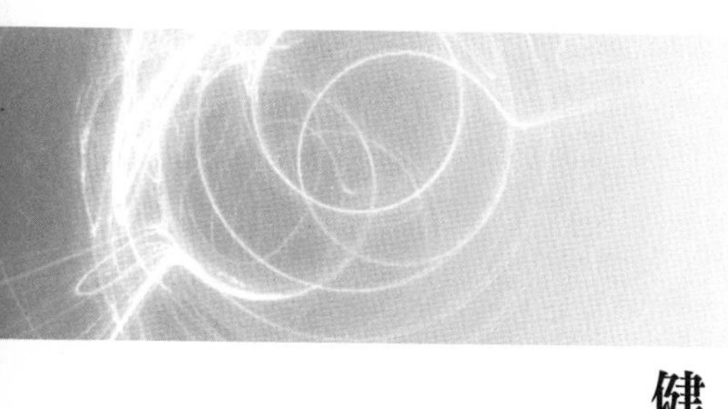

第一部總結

健康成年期的宣言

在我們的視野進入光明之前，難道無須花費幾個世紀的時間？……我準備擠進這條道路的終點，在這條路上，每一步都讓我更確定朝向地平線，那裡更是霧氣朦朧。

——哲學家德日進（Teilhard de Chardin）

我對我生命的樣貌負起完全的責任。

我不需要害怕自己的真相、力量、幻想、願望、思想、性慾、夢想或幽靈。

我相信榮格所說的：「黑暗和動盪總是會帶來意識的擴展。」

我放手讓人們離開，或讓他們停駐，不論何者我都應付自如。

我知道，我可能永遠不會覺得自己可以完整得到（或已經得到）我所尋求的關注。

我承認真相沒有義務如我所願，我的願望或權力對它亦沒有影響。

一個接著一個，我放下人們與事物對我的期許。

我能夠界定別人給我的以及我給別人的界線，並且讓自己與這個界線調和。

直到我能夠帶著惻隱之心看清楚別人的行為，否則我不算瞭解他們。

我放下所有責怪、悔恨、報復，以及想懲罰那些傷害我或拒絕我的人的幼稚欲望。

當改變和成長令我卻步時，我仍然選擇它們。我可能帶著恐懼而行動，但不會因恐懼而行動。

當我停止遵循父母（或其他人）為我設定的規則時，我仍然是安全的。

我珍惜自己的言行一致，但不會用它來作為別人行為的準則。

我自由地擁有、欣賞任何思想。我沒有權力為所欲為。我尊重自由的限度，但仍然能夠自由地行動。

我能克服在發現的當下想要逃離的衝動。

沒有人「可以」或「必須」救助我。我沒有權利要求任何人事物的關照。

我在不要求他人讚許和感激的情況下付出，即使我總是希望能得到它。

我拒絕發牢騷和抱怨，那只會讓我從「直接行動」或「選擇退縮」中，分心走意。

我放棄掌控，但也不會讓自己失控。

我生命中的選擇與覺察都是有彈性的，不是僵化或絕對的。

如果人們認識真正的我，他們會因為我像他們而愛我。

我放棄假裝，讓我所說的每個字和每個行為，都顯露出我真正的樣子。

只要我願意與其合作，改變和過渡期都會更加有恩寵。

每一種人類的力量，對我而言都是可以感受與使用的。

我用自己的標準生活，同時自我寬恕——我允許自己偶爾犯錯。

在成長和人際關係中，我准許自己在一個範圍內有誤差。我讓自己免於「任何時候都必須正確、勝任」的痛苦。

關於「我不是永遠合格的」這種感覺，我知道它是正常的。

我最終會適應任何來到我面前的挑戰。

我的自我接受不是自滿，因為它本身就代表了許多改變。

我很高興自己能夠「做自己喜歡做的事，也愛自己從事的工作」。

全心投入周遭的環境，可以釋放我壓抑不住的活力。

我無條件地愛，並在自我奉獻上設定明智的條件。

偉大的改變從來不曾發生，只有火柴會在黑暗中不預期地罷工。眼前就是一個。

——維吉尼亞・吳爾芙（Virginia Woolf）

第二部　人際關係的層面

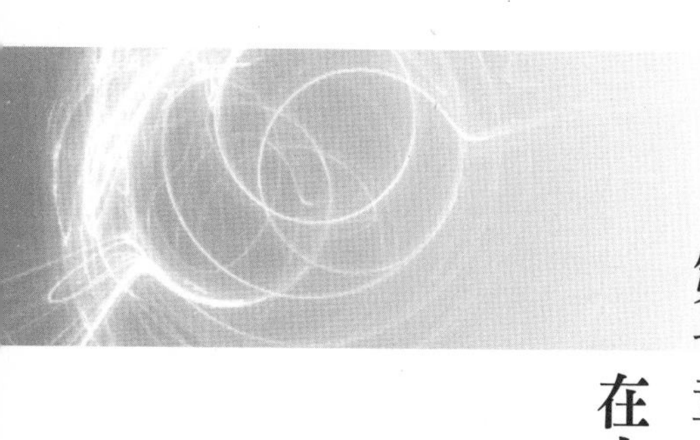

第七章 在人際關係中維持個人界線

你的個人界線保護你身分的內在核心以及你選擇的權利：「萬物深處飽藏著最珍貴、最飽滿的力量。」

——英國詩人霍普金斯（Gerard Manley Hopkins）

在我們剛出生時，生命旅程沒有所謂的界線。我們不知道自己與母親之間的界線在哪裡，覺得自己可以完全地控制需求的滿足與來源。

我們第一次的成長覺悟，是來自於分離感；我們的第一個功課是放手，也就是承認個人界線的存在：**我是獨立的**，而那些照顧我的人也一樣。這是啟程，也是掙扎。

這可能會讓你覺得好像被遺棄一樣。從生命非常早期的時候，我們就要放掉依附感（失去力量）以及安全需求的滿足。如今，我們之所以會如此激烈地想掌握住這些感覺，原因可能就在於最初的恐懼和錯覺。

一個健康的成人知道，分離感不是遺棄，只是一種人類的狀況，唯有分離才能讓健康的人際關係得以成長。界線會帶來互相依賴感（interdependence），而不單單只是依賴性。

界線會觸發個人的責任心，而不是單方面覺得自己該受到照顧的權利。從界線而來的相互性會讓我們放棄控制別人，而以尊重別人來替代。

界線不會產生疏離，反而會保護鄰近關係。對我們而言，界線讓我們擁有親密感，但同時又能安全地維持個人的身分。

放棄個人界線，就等同於放棄我們自己！如果一對伴侶的其中一人或兩個人都離棄了他們自我認同中獨特的內在核心，他們的關係是沒有前景的。唯有兩個自由的個體可以互相擁抱、讚美並促進彼此成長時，愛才會發生。

對健康的成人而言，忠誠有其限制，而無條件的愛可以和有條件的包容共存。畢竟，無條件並不代表不能批判。你可以無條件地愛某人，同時為你們的交往設定條件，好保護你自己的個人界線。「我無條件地愛你，但我不和你黏在一起，這樣我才能顧好我自己。」這是一種聰明的愛！

不論是處在一段關係的開始、改變或終結，你都必須確保自己重要的內在核心要毫髮無損。這趟旅程絕不會違反我們的整體性。當你清楚自己的個人界線時，既有的認同不需要別人賜予，也不會被別人掠奪。

這段過程就是在建立功能完整的健康自我，一方面你的完整性不會被危害，而你也可以完整、全然公開地和別人親密地來往。這對保持**自尊的接觸和完整**，都有相當大的助益。這就是成人式的互相依賴關係。

在一段真正親密的關係中，我們會逐漸將重心放在另一半身上，意思是說，我們非常在乎伴侶的福祉。這也表示，我們關心伴侶的意見，也在意伴侶對待我們的方式。我們對於傷害和拒絕都非常脆弱，我們把權力交給我們的伴侶。從承諾的本質來看，這一點很正常，也符合邏輯。

在**功能性的投資**（functional ego investment）中，我們雖然會交付自己的權力，卻不會自我減損。我們是因為愛人而脆弱，而不是受害者式的脆弱。換句話說，我們的承諾不會迫害自己喪失個人的界線。

在**神經質的投資**（neurotic ego investment）中，我們失去了自我保護的能力。伴侶的行動會決定我們的心智狀況，而不只是短暫地影響我們的心情。我們是順應對方做出反應，而非採取行動。

我們在第一章討論過的例子，可以用來說明人生早期沒有處理好的事件，會如何破壞一個成人的自尊。那些在童年階段曾經受虐又**沒有自我防衛能力的人**，他們在建立一段關係中健康的投資時，會遭遇最多的困難。對他們而言，界線永遠不明朗也不安全，而與別人來往的誇張反應，總是會耗盡他們最初的自我補給。哀悼過去的受虐，可以補充我們內在的心靈儲倉。

當以下狀況發生時，你就知道自己已經喪失了自我界線，而且陷入了「共依存」（co-dependency）關係：

「我放不下一段傷害我的關係。」

而你還以為是

「我放不下一段幫助我的關係。」

所謂共依存關係，是對那些傷害我們的人付出無條件的愛。

☆本章末的檢查表中，上面那欄就是「共依存」的定義。

◆如何維持個人界線

1.**直接詢問自己的需求**。這能讓別人和你自己都清楚你的身分。第二章提到的「自我肯定的技巧」就有清楚描述到，界線是人類獲得真正自由的唯一條件。如果你的界線是僵化的，你會避開親密感並且緊抓著恐懼；如果你的界線很鬆散或定義不明，你可能會陷入服從別人控制的狀況中。

2.**增進內在的自我滋養（當自己的好父母）**。這會幫助你建立內在的直覺，當一段關係變得有傷害性、有虐待傾向，或有侵略性時，你就會有所覺察。這就像第一章所說的，正如你在克服童年議題上的需要一樣，這項功課需要朋友、自我療癒或心裡治療持續提供你誠實的回饋，才能夠維護自我滋養。

3.**觀察別人對你的行為**，將之視為一種訊息，但不要受制於其中的誇張反應。從一個自我保護的角度去觀察，當一位公平的證人。這會讓你更尊敬你的自我界線，也會讓你更有權利去決定——而不是受其他人誘惑或強權的影響——你要接受別人多少的好意或攻擊。

4.**維持你的底線**。所謂底線是指，在你願意承認痛苦事實，走向互助工作或就此分手之前，你可以允許自己被拒絕、欺騙、失望或背叛幾次。這個情況包括你必須面對不斷被刺激、卻毫無未來可言的關係。在這樣的關係中，你企圖尋找更多的熱情，卻只發現關係的意義越來越稀少；你試圖尋找歡樂，但關係中卻只有傷害。此外，我們的錯覺信念會一再地補償、膨脹那被逐漸侵蝕的真實感。

5. **將信任感從別人轉回自己身上**。作為一個成熟的人，你並不是要找尋一個可以讓你完全信賴的對象。你要認知到人類弱點的限度，也不再一直期待安全感，然後你才能**信任你自己**，而能夠去接受愛，也能夠處理傷痛；能夠迎接信任，也能夠處理背叛；能夠接受親密，也能夠接受拒絕。

人際關係界線檢查表

當你放棄自己的界線時，你會：	當你的界線完好無缺時，你會：
1. 不太清楚自己喜歡什麼	1. 清楚知道自己的喜好，也非常享受它

2. 持續下去才是你關心的重點，因此不太在乎自己不開心	2. 能辨識自己快樂／不快樂
3. 改變自己的行為、計畫或意見，以符合別人現在的心情或狀況（過度反應地活著）	3. 接受他人情緒和環境，但仍然維持中心地位（適當回應地活著）
4. 為對方越來越少的回饋，付出越來越多的心力	4. 得到確定的結果後，決定付出更多
5. 把事情真相當成你最近聽到的某個意見	5. 相信自己的直覺，但對別人的意見保持開放
6. 在只能期待和等待的情況下，懷抱希望地活著	6. 樂觀地活著，對於改變也抱持合作的態度
7. 只要能夠順應別人或存活，就感到滿足	7. 只有活得精彩時，才會感到滿足
8. 因為別人給的微小改善而讓自己一直陷在僵局	8. 因為自己真誠且持續變好的改變而被鼓勵

9. 完全不注意自我導向的活動，因此鮮少有嗜好	9. 對於自我增強化的嗜好和計畫都有強烈的興趣
10. 你在其他人身上都不會容許的事，卻對這個人特別寬容，並接受他的託辭	10. 對所有人都採用同樣的個人標準，雖然有彈性，但要求責任
11. 任憑阿諛的話語擺佈，因此失去客觀性	11. 感謝別人的回應，同時知道這樣的回應是否帶有操弄企圖
12. 努力製造帶著自戀的親密感	12. 只和能與你相互愛戀的伴侶交往
13. 因為其他人固執於結果，你也因此大受影響	13. 因為伴侶的行為而大受影響，但將伴侶的行為當成一種訊息
14. 為了性或是性的承諾，每次都拋棄個人限制	14. 融入性愛，因此可以享受性愛，但不會為了性而付出誠信的代價
15. 認為你的伴侶造成你的興奮感	15. 認為你的伴侶刺激你的興奮感
16. 覺得受傷、讓自己成為受害者，但並不憤怒	16. 容許自己生氣，大喊「哎喲！好痛！」然後進行改變的計畫

這些條目是「共依存」關係的特性	這些條目是「自我親職」的特性
17. 採取順從與妥協的方式	17. 採取共識和協調的方式
18. 答應一些你內心拒絕的事（無法說「不」）	18. 只答應那些你選擇要做的事（能夠說「不」）
19. 只順從需要，無視你的直覺	19. 尊重直覺，並能區分直覺和需要
20. 容許你的伴侶虐待你的孩子或朋友	20. 堅持別人的界線和你的一樣安全
21. 經常覺得害怕和困惑	21. 經常覺得安全、清明
22. 陷入僵化的生命腳本而無法控制	22. 知道自己有選擇
23. 過著不是自己的生活，而且似乎無法改變	23. 一直過著大部分都是自己想要的生活
24. 只要別人還有需求，就盡力配合別人（無底限）	24. 可以決定如何給予承諾、承諾到什麼程度，以及你願意承諾多久
25. 相信自己沒有擁有秘密的權利	25. 在不必說謊也不必鬼鬼祟祟的情況下，保護自己的隱私

善用本書的每一個表格，在每一個項目下方畫一條線(用不同的紙張)，這個方法很有幫助。

將你自己的行為劃在兩端或中間，注意自己多數反應座落的位置。在你的人生中，和每個人的情況可能都不一樣，例如：和配偶的界線不良，和父母的界線很清楚，和孩子的界線則是適中。

所有這些資訊，將會指出哪裡是你最大的掙扎點、哪裡你最需要處理，以及哪裡是你覺得滿意的部分。

第八章 親密關係

在承諾的關係中，彼此都享受親近感。

眞正親密的要素

◆當自我健全的時候，我們能夠……

1.提供自我滋養的豐富內在來源，所以我們不會絕望地渴求別人讓我們依靠（像小孩依賴父母）或要求別人被我們照顧（像父母照顧子女）。

2.相信自己能夠接受別人的忠誠，也能夠處理別人的背叛。成人的關係並非奠基在內在的信任上（像親子關係那樣），而是在承認人類善變的前提下，仍然存在著無條件的愛。

3.具有付出與接受的能力。「很早以前我就已經克服了恐懼，所以我可以對你表露自己的感覺，也可以接受你的看法；我能對你表露情感——可以與性有關，也可以無關——同時接受你的感情。」

4.能夠尊重這些基本規則：關於生活型態、責任感、性事以及不同時間／空間的需求。

5.對於別人特有的需求、差異性、發展和方向，抱持著鼓勵、無懼且樂於接受的態度。

6.可以把注意力放在別人身上，因此能真誠地聆聽別人的感覺、關心別人，卻不急於訴說自己的故事。

7.在自己的需求未被滿足時，也能夠承諾維持某段關係，因為別人有其內在的價值，而不只是能滿足自己的需求而已。

8.擁有「容許愛和憤怒同時存在」的能力。「你可以生我的氣，但我還是會一直愛你。當我對你生氣時，我也依然愛你。」

9.能夠度過關係中的正常階段——從浪漫起步，在衝突的過程中到達承諾——在每一個改變的階段中，愛也成熟了。

10.對一份必要而不可或缺的連結許下承諾，承諾彼此會持續不斷地為對方付出——這種連結經得起壓力或改變的危機，它也是無條件的。如果有別人出現了，而且那個人更有吸引力、更風趣迷人，那他「出現得剛剛好」！因為他的出現正好提供了一個訊息，讓我們可以檢視新朋友的迷人魅力，或是檢視現有關係的不足。那不會引發分手或導向新的情感投入。

以上這十個要素描述了與親密關係有關的「無條件的愛」。

在親密關係中產生的恐懼

童年階段的恐懼，會持續重現在成人的關係中：

- **害怕被遺棄，害怕失去別人**：這會讓我們墨守成規，或拼命佔有別人。
- **害怕被吞噬，害怕失去自己**：這會讓我們逃離關係，並與別人保持距離。

這些都是正常的恐懼。所有人都會有這兩種恐懼——雖然在親密關係中，通常有其中一種恐懼會佔上風。只有當這些恐懼強烈到影響我們的判斷和行為時，才會是問題。

成人關係是一種承諾的能力，讓我們不會在別人拉遠距離時，因為害怕被遺棄而不敢行動；也不會在別人太靠近時，因為害怕被吞噬而被固定在原地。看起來，這些恐懼的直接導因似乎是我們成人伴侶的行為，但它們只是假的恐懼，真正傷害我們的是早就遠離、卻仍持續刺激我們的那些事物。我們是對自己的內在景觀產生反應，這個景觀被久遠之前的掠奪所蹂躪，但從未被承認、恢復或遺忘。德國哲學家海德格（Heidegger）用一目瞭然的方式來形容：「慘劇已經發生了。」

既然被遺棄和被吞噬的恐懼是細胞反射動作，我們就該學聰明一點，不要過於針對伴侶的表現。這些恐懼是不理性的，所以我們不用和別人詳盡討論，也不該怪罪別人。

來自伴侶的同理心，以及另一位伴侶對於改變的努力，才是最有效的結合（本章稍後會描述「改變需要的努力」有哪些）。

事實上，一個成人是不會被遺棄的，只會被留下；一個成人也不會被吞噬，只會被日益增加的閱歷填滿！一旦我們活在當下，這些事物就會變得越來越切合實際，我們也會放棄那些被罪惡感充斥的評判。

被遺棄的恐懼： 因為害怕獨立，所以你會……	被吞噬的恐懼： 因為害怕依賴，所以你會……
當別人需要空間時，無法放手	無法承諾
尋求最大量的接觸（貪戀）	要求更多空間（距離）
過分關心別人的故事或被捲入其中	將別人視為理所當然或漠不關心
照顧別人而非照顧自己	認為自己的需求理該被別人滿足
總是想要付出多一些（一種永遠給不夠的感覺）	認為付出是義務，接受則讓人窒息
附和別人的想法、計畫或時間點	需要掌控、做決定，或要自己永遠是正確的
受虐時，沒有個人界線或底線	無法忍受不忠或不足
順從任何帶領	無法容忍錯誤，對此有嚴格的界線
對別人上癮	引誘別人，然後又退縮
需要別人再三保證會留下來	需要別人留在原地，自己卻能自由來去
害怕孤單	當關係越來越和睦時，會感到焦慮

將事情合理化（找藉口讓自己委曲求全）	凡事訴諸理智（用思考或通過解釋來消除感覺）
保全別人不受你的情緒影響	會避免或縮小自己及別人的感受
表現恐懼，壓抑憤怒	表現憤怒，壓抑恐懼
對人事物的「來／去」感到憂慮	對「付出／接受」感到沮喪
表現黏人、親密，主動接觸	表現冷漠、剛硬和距離感

處理被遺棄和被吞噬的恐懼

有時候，我們會選擇那種會刺激恐懼的關係。有些關係會刺激被遺棄的恐懼，有些關係會刺激被吞噬的恐懼，也有些關係會同時刺激兩種恐懼。有時候，我們會選擇能夠緩和這些恐懼的關係。一個有意識的成人會拓展個人的動機和選擇，並且誠實地承認它們。

當某種恐懼**被激發**時，我們有機會克服它，也有可能讓它變得更根深蒂固——然後我們會經常抱怨自己的伴侶。

當恐懼**平息**時，我們會覺得很安全，安全到可以冒險再開放一些，或者，我們也可能變得滿懷期望——期待我們的伴侶保護我們、為我們隔離一切。

當你願意為了邁向改變，如履薄冰地踏出微小的步伐，並克服隨之而來的尷尬時，你將會知道，如何以健康的方式來重視你現有的關係：

1.**注意你的哪一種行為會為你和你的伴侶帶來問題**。看穿以下的藉口：「我就是這樣啦！」或「但我是對的。」找出那些讓平順關係變得困難重重的行為或態度背後的恐懼或苦痛。**你必須知道的，就是這段關係並未依照它該有的方向運作**。克服那些理由、責怪和自我辯護，承認你需要改變。這種承認有一種治療的能力，因為它終結了否認，開始張羅真相。

2.**只要你意識到過去最常出現的恐懼，頻繁地發生在一段或許多關係中，告知你未來的伴侶（或新伴侶）**，例如：「我想要親密，但我必須承認，除了性事外，過多的身體接觸會讓我不舒服。」或者「我發現你花許多時間和你的朋友在一起。我覺得倍感威脅，因為我很容易就覺得被遺棄——即使你已經跟我保證過你的承諾。」

你也許不願意分享你害怕失去伴侶的心情。但是，請你還是把這個恐懼坦白說清楚！只要你坦然說出，下面兩件事將會接踵而至：

- 你的自尊會因為自我揭露的誠信而增加，雖然你害怕失去。
- 你會發現你的伴侶給予承諾的本質。

3. 在一段關係的浪漫階段，親密恐懼（Intimacy fears）會浮現。害怕被遺棄和被吞噬的問題會產生新的負面亢奮：恐懼和快感同時存在。此時腎上腺素會增加，引導你去做一些**挑起恐懼**的事。承認自己是否有這種傾向。矛盾的是，只要你對潛意識中選擇生命腳本的要素負責，就能免於它的控制了。

4. 如果你恐懼被遺棄，試著讓你的伴侶每天多離開你一些，讓自己注意到即使如此，你還是存活下來了。再三保證反而會增加恐懼，不要要求伴侶提供保證，說他或她會一直在你身邊，或仍然愛著你。你要努力活過每一個恐懼的劇情或最後一個劇情。這會強化你的獨立性。

5.如果你害怕被吞噬，讓你的伴侶每天多靠近你一些，注意自己如何承受這樣的靠近（或者，你甚至可以享受它）。注意你第一次容許時，靠近一英吋就代表百分之百的進步。

你也許會感受到自己強烈地想去控制，或想在關係中下所有的決定。小的決定就和伴侶輪流決定，這次你決定，下次換你的伴侶決定。比較大的決定要兩人共同協商，讓兩個人在每次決定時都得到一些自己想要的東西。

6.對於被吞噬的恐懼，是相信親密關係會讓你失去些什麼。矛盾的是，要處理這種**失去自己**的恐懼，反而必須自在地**交付自己**。進行自我揭露，承認自己的脆弱或展現自己的感受，然後，你會**經由放手而停止失去**。

對於被遺棄的恐懼，就是害怕獨處。這種恐懼不是害怕失去自己，而是害怕自我面對。每天為自己預留一段時間，就是**選擇**面對那件最讓你恐懼的事。這種矛盾的逆轉，會讓你漸漸地享受自己獨處的時光。

既然恐懼是把自己當成受害者而一直持續下去，「選擇權」可以為它鬆綁。

榮格提到這種矛盾的力量：「如果你害怕墜落，唯一安全的方法就是奮力一跳。」

增進親密感的實用技巧

◆處理你的感覺

不要毫無感覺地一遍又一遍複述某個事件，因為它不會帶來改變。這些故事只會讓我們遮蔽自己的真實感受。處理你在某個事件中產生的感覺，這將帶領你結束這件事，並且讓生活持續下去。我們「啟程」離開自己的故事，在過程中「掙扎」，而後在較高層次的功能性中再度「整合」。

在處理我們在某個情境或事件中所產生的感覺時（那可能強烈影響一對伴侶的其中一人或雙方），下列的處理方式將會有所幫助：

1.認清真正的感受，並且為它命名。你可以和其他立場客觀、有洞察力而且為你所信任的人一起討論。一旦你瞭解這些感受，你就可以探索它們的源頭。它只是這次情境中的單一因素嗎？或者它引發了你人生早期的舊時傷痛？還是它來自以往的經驗？

只有認清你的感受並且瞭解它的來源，你才能準備好用一種有效的方法向你的伴侶表達。現在，你知道自己有什麼感覺，這個感覺裡有多少成分是你自己的問題？有多少成分是過往舊傷？有多少比例是人際問題？還有你要求的到底是什麼？與自己、與他人持續地檢視這些想法，不論你想要的是你真正觀察到的現實狀況，或者只是你腦海中的圖像。心智圖像很微妙，它會持續地誘惑我們，而我們必須努力地矯正自己，回歸現實。

2.和你的伴侶談論你的感受，同時也運用非口語的形式（如姿勢、聲音、表情的改變、眼淚等等）來表達。

3.要求你的伴侶承認、瞭解並且關心你的這些感受。要求他們認知自己在刺激或觸發這些感受上扮演了什麼樣的角色。既然你是個負責任的成人而不是個受害者，那你的伴侶可能並沒有引發這些感受，但他或她對於這些感受的產生有共同責任。

到了這時，你幾乎可以完全正確地說出，這些感受到底是新經驗或是老故事。如果是新事件，不論你有什麼感受，將它們表達出來會讓你舒坦。你會把一切當成得到的資訊，努力加以修正和改變，但不會非得到一個結果不可。不論最後結局如何，你都能夠坦然地放手。

如果這些感受是老問題，你會陷入老調重彈、認為自己永遠是對的、怪罪他人和要求他人等等。你會阻礙自己讓事情有一個了結，因為你的反應已經讓你的伴侶採取防衛的姿態，溝通就更不容易了。這樣的結果就是，你會無法放手而造成更多的傷害！當你碰上這樣的狀況，回去找一個客觀的朋友或治療師，一起努力釋放過去的痛苦。一個健康的成人樂於找出自己該做的功課到底在哪裡，這樣一來，他就可以一次解決所有的功課。

「負面感受」（hard feelings）真正的意思，是指一種已經鈣化的舊時感受，每一次被刺破，就傷害我們一次。要處理這種感受，必須移除那些陳舊的、痛苦的沉積物，自由地呈現我們柔軟、健康的脆弱面，讓我們對別人生出充滿愛的反應。

◆包容自己的感受

我們應該要**表達而且包容**自己的感受。一個成人會表達自己的感受，但不會把它當作自我折磨或傷害別人的藉口。當某人傷害你、激怒你或離開你時，容許自己去感受那些痛苦，去談論它們，但不要對它們採取行動。表達你所有的感受，但不要採取任何行動。你不需要尋求保證或復仇的機會，也不必要求操弄或改變結局的方法，你只須容納自己的感受，對這些感受負完全的責任。其他人也許會觸發你的痛苦，但是，要不要讓自己受到影響，決定權操之在你。下列方式可以幫助你顧好自己：

1.接受別人已經付諸行動或已經決定的事實，不論你認為這些行動或決定是否有正當的理由。

2.敏銳地感受痛苦，但不要因為過度執著而被它摧毀了你的自尊。去感受，但不要為了這些感受而採取行動；如此一來，我們可以經驗這些感受，又不會讓它們穿透自我價值的核心。「雖然我不喜歡，但我承認這個事實。或許它可以更好，也可能更壞。」

3.要認知到，這些痛苦事件讓你回想起童年時期的類似經驗。那些被背叛、遺棄和拒絕的舊時感受，會因為這些感受的現代版本而被再度激發。當下產生的強烈感受會讓我們知道，哪些是我們尚未哀悼、處理過的問題。此刻對這些感受採取行動是不適宜的！我們現在的感受只是在重演過去，因此無須在此刻採取行動，只要表達你的感受，把它們視為哀悼過去苦痛的一部分即可。

每一段關係都會帶來傷痛。在被別人冒犯或傷害後，你也許會保留自己的憤慨，或是尋求復仇的機會。但這會讓你的不平與不滿一直持續下去，並且防礙你進入相互承諾（mutual commitment）的境界。解決並放下憤怒，是讓你邁向承諾的開創者；一直抱持憤怒，想著要報復，或是把憤怒當成武器，則是阻止承諾的絆腳石。

放下想要報復的心，會比進行報復本身釋放掉更多的痛苦。這是因為你現在的生活，是用一種無條件的愛的方式不斷進行。傷害已經變成了被解決的事實，而不是一根苦痛的刺，會持續挑開舊時傷口。

每段成人關係在達到承諾前都會有衝突。每一次的掙扎都是讓你丟棄另一個對於對方的虛幻理想形象，及另一個滿足你期待的頭銜。每一次的衝突都會消除這些虛假的幻覺，讓你認清眼前之人並無法達到自己的所有需求，或達到自己的標準。但是你對這個人的愛，已經跨越了這些。這就是無條件的愛——紮根在現實中，而且是相互解放——真正的承諾就此萌芽。

一個健康的成人會認知到，「覺得受到傷害」是一種人類的共通經驗，這種經驗總是會發生，但絕不會是有意識造就的。擁這樣認知的成人會努力處理這種傷害，而不會躲避它。所有探究從生到死這個主題的神話與宗教，都深切認同在呈現我們完整而真實的身分特質時，這種痛苦的價值與必要性。每一個傷害，或多或少都是必須的，這樣我們才能夠到達當下的境界，讓生命之光穿透我們的自身。哲學家尼采（Nietzsche）強而有力地提醒了我們：「要達到大解放，就需要如此邪惡且痛苦的事物發生。」

在一段健康的關係有所進展時，「覺得受到傷害」的感受可以被處理、解決並且淡化。但是當傷害非常頻繁、嚴重而且無法被解決時，這就是虐待。它不會讓我們成長，反而會降低我們的自尊，造成無法挽回的傷害。成熟的成人會避免這種傷害，並且會離開著火處，到安全的地方去。

◆予以回應

停止袒護你的伴侶，要讓他知道他的行為對你造成的影響。沒有任何一個成人（只要他不是住院的病人）脆弱到無法接受別人誠實的回饋（feedback）。沒有哪個成人應該被怪罪，但任何人都要負起自己的責任。

壓抑或隱瞞自己的感受，可以讓你以一種微妙的方式避免去面對事情已經到了無法接受的地步。但是你的委曲求全，可能會造成自我傷害，或讓虐待行為一直持續下去。期待改變的可能性，也只是拖延時間而已。委曲求全和期待改變的可能性，只有在你們雙方都深切承諾了某個改變計畫，並且這個改變計畫已在持續進行時，才會有真正的效益。

◆肯定對方的正確性

送給你的伴侶一個「你是正確的」（being right）的禮物。這對你們的情感以及你的伴侶對你的看法都會有所助益。但它不適用於財務、生／死或虐待的議題上，也不適用於會導致危險結果的嗜好和意見上。矛盾的是，當你承認某個人的直覺有意義時，他就會對你更加開放。在這樣的協議中，你會放下自己的競爭心態、極端的對立立場，以及因為對抗而造成的距離感。

如果這個過程的結果讓你覺得不對勁，原因可能是你抓錯了重點。我們之所以要贈予「你是正確的」這個禮物，正是因為「正確或不正確」不是最大的重點。一個人若一直需要別人認可自己是正確的，那是一種基於恐懼的表現。贈予一個禮物，接納別人是正確的，可以讓你們兩個人都感到放鬆。恐懼會消失，而情緒就得以釋放。然後，相互信任的程度就會增加。

一旦你的重點不再是「我是正確的」，你就能真正地聽到別人的聲音。你可以接收到對方的感受，並為自己曾有的不負責任進行修正。當你的伴侶對你似乎不夠負責任時，你也可以向他要求同樣的接收和修正。誰對誰錯已經無關緊要了，而神經質自我的傲慢，也將由嶄新的謙遜所取代。

◆**處理被虧欠感**

覺得自己被欺騙或別人虧欠了你，這種持續存在的感覺，會讓你從別人那裡不公平地獲取事物，或讓你吝於付出。如果你總是等著討價還價，或是要求折扣，可能就是你覺得自己被虧欠了的一種訊號。對於那些你認為虧待了你的人，試著自由地給予他們某些東西，停止不公平地對待他們，就可以處理這種感覺。

◆**處理虧欠感**

你不斷地覺得自己對別人有所虧欠，這會讓你成為一個只取悅別人、過度大方，或總是在關係中「退而求其次」的人。你可能會發現，你無法接受別人的給予，除非你覺得自己虧欠他們。你可能認為你必須「購買」或「換得」別人的感情，並且認為感情永遠都不會是意外獲得或者不須付出代價（購買的「價格」則來自我們的自我顯現）。想要解決這個狀況，試著從那些你認為有所虧欠的人身上要求「不用包裝的禮物」——一種不要求他人回報的禮物。

◆保有同情心

我們可能會認為，沒有能力給予的人是小氣的，而持續給予卻不要求回饋的人則是性格大方。我們也可能理所當然地認為，充滿侵犯與控制的態度是一種處理巧妙的表現。我們更可能認為，不敢大聲說出來或讓自己受到虐待，都屬於怯懦和被動的行為。當別人害怕被我們擁抱、接觸時，我們可能會覺得無法忍受或急躁；當別人不敢對我們顯露他們的感受，或太專注於自己而忽視我們時，我們會覺得自己被他們所拒絕。

一旦我們允許自己較為柔軟的面向浮現，就會注意到新的層面：每一種消極、負面的特質，其實都是一種**痛苦的形式**。沒有人希望自己害怕親密感，心懷**恐懼**更讓人覺得受傷！一個有控制欲的人會感受到壓力的痛苦，也會發現自己的舉措讓他遠離別人的愛！

我們必須堅定地處理這些行為帶來的影響：試著去描述自己的感覺和疑慮，也要求改變。幾乎在此同時，我們會感受到一種同情心，使我們同情每一種從未被治療、因為退縮壓抑而持續的痛苦。我們的同情心並不會讓我們不再照顧自己，而是會讓我們對於痛苦的感受性更為敏銳。我們在靈性上越是有所體悟，就越能容許自己認清那些掩藏在我們評判的行為背後，充滿痛苦和恐懼的微妙面孔。正如《小王子》（*The Little Prince*）中所說：「只有用心，才能正確地看見。」

靈性的同情心也會讓我們更慷慨，更誠信、健全。當我們強大的功能性自我在運作時，我們的誠信會讓我們公平地對待別人。當我們以靈性智慧整合自我時，同情心將會隨著誠信而來，它會超越公平，同時也永遠包括在公平之內。

有時在一段關係中，雙方可能不會選擇使用同樣的自由或限制。例如：「當我和外面的朋友關係緊密時，你會感受到強烈的痛苦，就算他們只是普通朋友也一樣。但是，我卻能接受你外面的人際關係。為了公平，我們兩人在這件事上要有相同的標準。為了關照你的感受，我願意放棄自己的權利，畢竟這讓你受到許多傷害——但我不會要求你以同樣的方式來回報我。同時為了顧及我的想法，你必須努力接受治療，去處理你的恐懼和嫉妒，這樣我才能夠和別人維持好社交關係，又不會對你產生影響。」

只有在涉及道德議題時，「雙重標準」才會出現問題。在有意識的同情心關係中，「雙重標準」是被容許的。

◆暫停一下

在童年階段，我們可以任意依附、失控、發脾氣或沒有耐性。明智的父母會在一定限度內容許我們這些行為。一個健康的成人階段，也包括了偶爾放縱自己回到這些熟悉的（對現在而言卻是可怕的）地方。我們內在滋養的父母會在一定的時間、空間和責任感的限度之內，允許這種彈性。

例如，一對伴侶可以決定在一個週末出去走走，每分鐘都膩在一起，盡情地依附彼此。另一對伴侶也許會選擇讓彼此的關係中斷一下，或選擇各自的假期。這樣的情況可以經由計畫，也可以是自然而然發生的，但它們都必須有時間限制、是有意識地決定，而且要經過雙方的相互協調。經由這種方法，我們可以尊重成人階段的作息，又可以安全地出走一陣子。

我們每個人都擁有與各種人類可能性相反的面向。我們要完全地理智、實際、專注和無懼，偶爾也必須經驗一下另一面的感受。「暫停一下」（time out）

讓我們擁有這種創造性的互補。這種「自我准許」（self- permiting）和「有時間限制」（timebounded）的結合，是一種充滿幽默的挑戰，挑戰對於「可靠真相」的愚蠢堅持。我們忠於事實，但偶爾也脫離它開心一下，就像魔術師尤里西斯（Ulysses）一樣，我們享受海妖的歌聲，但同時也安全地航渡。

◆用智慧做決定

在感情方面，思考（很諷刺地）會帶來更多的困惑。最好的方法是只要注意以下幾項：

- **你的身體感受到什麼？**
- **你採取了什麼樣的行動？**
- **你會重複出現的直覺是哪些？**

注意就會引導出瞭解。你要相信這些都會自動發生，刻意努力只會帶來混淆。當我們開始注意自己的身體、行為和內在智慧——這些無法自我欺騙的部分——接下來，最好的步驟就會一一浮現。唯有在從容、不倉促的情況下所做的決定，才會給你「對」的感覺，你會發現，它屬於個人的這三種領域。

用智慧所做的決定，不會完全地排除掉某一邊，不是**非A即B**，而是**兩者兼具**。這樣的決定會擁抱風險，而非避開風險。這種決定具有力量，但不是去掌控；會尊重別人的意願，但也要求自己想要的；會承認自己的過去，卻不會成為過去的奴隸。

當你要為某件重要或會持續下去的事情做決定時，在真正下決定前的一到六個月，每天都持續地測驗自己對這件事情想望的程度，例如：「在我答應你的求婚前，我必須連著六個月都想要嫁給你。」

如果你對於是否要和過去的伴侶重修舊好而感到矛盾，這種程序也可以派上用場。與其否認自己的想法或對抗它，不如告訴自己你想要破鏡重圓，如果你連著六個月每天都這樣想的話，你就不會感受到壓力或自我否認，而是感到一種許可。你尊崇時間的測驗，同時保護自己免於做出倉促的決定。

◆陷入僵局

與伴侶的關係，有時候也會像航行在無風的港口，毫無進展或停滯。這段關係中沒有歡愉、沒有問題，但也沒有改變的動機。「如果他有外遇，至少給了我一個離開的理由！」但他完全沒有挑起危機的跡象，你面對的是一個非常成人式的困境，沒有人可以怪罪，也沒有人可以擾動這種平庸的生活。我們可以這樣繼續死氣沈沈好幾年——「直到死亡將我們分開」。

在英國作家狄更斯的小說《荒涼山莊》（*Bleak House*）中，戴德洛夫人（Lady Deadlock）和公爵的結合是如何被打破的？這對伴侶用非常高的容忍底限，承受煩悶與乏味的侵襲。後來，他為了自己的愉悅做了某些事——一些不一樣的、突然的、令人意外的事。這些事吸引了他們共有的空虛的注意力，也激發出極致而劇烈的改變。

不管這個改變是「變得更好或更壞」，至少每一種結果都會帶你遠離這個鬱熱無風的港口。

◆關係的終結

終結一段令你痛苦的不良關係，會伴隨著許多層次的失落。每一種都讓人失望；每一種都會引爆錯覺；每一種都需要哀悼工作。

利用左方的檢查程序來瞭解感情終結的過程：

確認這段關係能夠持續

此路不通，而且引導出

希望它能夠持續

此路不通，而且採取以下行動

努力讓它持續

此路不通，引導出

瞭解它無法持續

在一段真正有意識的關係中，伴侶中的雙方都會注意到關係的結束，然後各自哀悼自己在其中所承擔的失落。不幸的是，在多數關係中，轉變總是難以被察覺，也未被哀悼，結果當關係終結時，我們就會面臨所有沒被發現、也沒被療癒的深沉悲痛。最明顯的信號是失望、哀怨以及自憐自艾，它們可能會持續好幾年。

適宜的哀悼要在當下開始進行。哀悼之後，會引發每一個成功機會的覺醒。真正的哀悼不是在離婚時開始，而是在戀愛感覺結束時，以及每一次抱著「重新開始」的希望卻又落空時，才是開始的時機。

事實上，未被注意的、未經處理的，或是從未被命名的哀悼，會助長關係的絕裂。那些挫敗、憤怒和怪罪的感覺，啃蝕了愛的連結。然後，陰鬱的感覺會遮蔽我們，讓我們永遠不知道真正的原因。

共同進行哀悼工作有助於建立親密感，因為它需要有意識且安全地分享感覺。當我們在溫柔的同理心下，經驗了彼此的悲傷、憤怒、受傷等哀悼工作時，承諾便開始成長。這種允許「持續的哀悼」以及「持續的愛」共存的能力，可以阻擋失敗的漩渦向下沈淪。

我們在第一章總結中提到的哀悼程序，也可以應用在關係的終結上。關係越惡劣不堪，哀悼工作就會花費越多的時間。這是因為我們必須放手的不只是自己的伴侶和這段關係，還包括我們以為事情可以轉變的錯誤希望。

在危機階段，睡眠和胃口都可能發生狀況。好好照顧自己非常重要，規律地進食和休息，但切忌過量。另外同等重要的是，給自己一些愉快而享受的東西，但不要利用藥物或酒精來避開痛苦。自我滋養和自我保護的結合，能讓我們擁有最佳狀況，來面對、處理自己的失落。

痛苦會讓我們無法清楚地思考，因此，在這個階段做出衝動性的決定非常危險，特別是與財務、所有權、法律或搬遷有關的決定。任何想法都是適當的，但要付諸行動就需要較長時間的考慮，也需要立場客觀的朋友預先給我們意見回應。

分離會導致自我懷疑。你也許會以為自己再也找不到另外一位伴侶了。分離帶給你的訊息無關現實狀況，而是你感覺到的傷害程度。在這個階段，是悲傷中的恐懼元素在作祟，一旦哀悼工作開始進行，恐懼就會消退。在分離和哀悼的過程中，你會漸漸發現自己（以及你的伴侶）某些讓你驚訝而且氣餒的事。你會認為自己被孤立，面對一種無望的空虛。這是所有人際關係中人們最想避免的空虛，在我們停止否認、承認自己的陰影時，它會張開血盆大口將我們一口吞噬。

哀悼工作會以它淨化過往經驗的特質，真實地為我們內心的深淵搭建起一座橋樑。我們接受自己，原諒自己的不完美，並且在適當的地方修正自己。然後這種空虛將成為我們所需要的**寬敞空間**，用以迎接真實而嶄新的自我。

強迫症或想自殺的想法，以及不斷複述自己的故事，這些都是正常而且被允許的——就像在乎孩子的父母會一遍又一遍聆聽孩子的惡夢一樣。重要的是不要把這些感覺或想法付諸任何行動，像是企圖傷害自己或懲罰別人。把這些感覺和想法保留給你自己和你的支持系統。

效果最好的方法，是允許每一種感覺和想法通過你的內心，就像一位登山高手穿越山林一樣：什麼都沒帶走，也什麼都沒留下。不要企圖去想開、去解釋，無論「什麼都不想」看起來是多麼不理性或多困難。正如艾克哈特大師的感嘆：「生活的唯一方式就是像玫瑰一樣：不要問為什麼。」

在分開之後，太快和先前的伴侶接觸，要提高警覺。當你堅信自己有事要告訴他，這個想法可能是你想要改變、想要懲罰他或把自己合理化的操控性念頭的一種掩飾。這會讓你遠離分手的真相，而且遠離哀悼工作。

對之前的伴侶仍舊感覺到愛意、憤怒或恐懼，這都是正常的，畢竟你們之前的重要連結不是因為分離而結束，而是被擊潰了。這個連結是無條件的，超越任何背叛、改變或離異所能達到的範圍。在真正的哀悼工作中，我們認知到這個連結已經不再運作了。**連結仍在，但溝通已經結束了**。如今，我們接納了別人的愛，而不用再小心翼翼地去照顧；我們接納了憤怒，卻不再為了憤怒去報復；我們接納了恐懼，而無須設想複雜的策略去避免碰面的機會。

當你孤身一人，這些出現在人生中的空白期，是哀悼的最好時機。當你和新伴侶在一起之後，就無法處理哀悼了。當一段關係終結，一個健康的成人會允許自己用充足的時間去完成哀悼，然後處理從中學習到的功課。時間會消逝，也會為新關係的發生做好準備。我們不需要找尋，也不需要避免，只要讓它自然而然地到來就好了。這是一種信任，相信宇宙的同步性時機，將會勝過內在的緊迫與社會壓力。

離開熟悉感時最困難的工作，就是在改變的戲劇成熟前，關閉它的誘惑。喪失所有熟悉事物的感覺就像吸塵器一樣，會威脅著要吸乾所有它能吸走的東西。

當領域形成災難般的間隔時，我們很難理解這樣的空白是「肥沃的空虛」。肥沃的空虛是一種存在主義的比喻，是指我們放棄熟悉的現有支持後，相信生活的動力會造就全新的機會和前景。

那些特技表演者從一個空中飛人盪到另一個空中飛人手上，因為他知道何時該放手。他精巧地估計自己鬆手的時間，有那麼一瞬間，除了自己的動能之外，沒有任何東西支撐著他。我們的心臟跟隨他擺盪的弧線，我們愛極了他在沒有支撐的時候所冒的風險。

——艾爾文及米麗安·波爾斯特（Erving and Miriam Polster），

《完形治療之整合》（*Gestalt Therapy Integrated*）

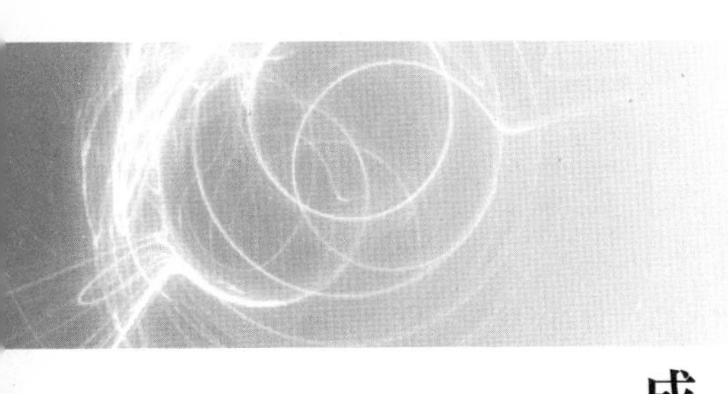

第二部總結

成人的親密關係

關係中的「接受」：不符實際期待的解藥

一段關係中的所有元素，都會歷經這些階段：親密、愛慕、性／能量、承諾組織家庭與生小孩、和諧一致、自我揭露。

只有在非常罕見的情況下，一段關係中，彼此的愛戀會一模一樣。

對每位伴侶來說，優先順序會持續改變。結合時的完整性，並不總是具有優先的順位。

沒有任何真實的愛戀關係會帶走——或者能夠帶走——你的任何基本人權。

親密關係要能夠長久，最好能允許親密和距離的比例可以隨時改變。

什麼東西**造成**你們關係中的距離？你也許無意識地使用了它去拉大彼此的距離。

最好的關係包括了你有自己的空間去追求個人的選擇，但又懷著同理心去注意你的伴侶可能感受到的任何威脅。

沒有人可以控制或改變別人，而且也沒有這樣的必要。

沒有人可以時時刻刻地保持忠誠及真實坦白。

沒有任何期待是有根據的，甚至彼此之間的協議也並非永久可靠。

你的伴侶不見得永遠都是你堅定的、滋養的，或值得信任的朋友（你對你的伴侶亦然）。

你終究是孤單的，而且你終究要讓自己學會獨處。

沒有任何關係可以讓你產生自尊，關係只能夠支持自尊。

沒有任何人可以讓你快樂、讓你保持迷人的特質、像你父母一樣地愛你，或者給你那些父母未能給你的愛。

在關係中，大多數人鮮少知道他們真正想要的是什麼，應該要詢問他們想要什麼，或展現他們真正的感覺。

大多數人會害怕或想要避免親密感、始終如一的誠實、緊密的感覺和不受壓抑的愉悅。

在每個你對伴侶的嚴重抱怨底下，是一些你尚未承認的情緒。

「停止怪罪」以及「肯定對方的正確性」這兩件事，在治療一段關係時最為有效。

妒嫉和佔有欲雖然不是好事，卻是正常的人類感受。

很少有人清楚地道出「再見」；多數人一句話不說就離開，同時避免完全地面對。

當一段關係結束時，沒有人是罪魁禍首。

在一段關係結束後，我們需要一些空間，才能讓下一段關係健康地展開。

在關係走到盡頭時，記憶、後悔、想要報復、經常感覺失落……等等，會拖長關係的結束，這是正常的。

在與伴侶的關係中，從頭到尾，你的父母（或你伴侶的父母）都有如影隨形的影響力。

新對象的強大吸引力，會讓你更知道自己的需求，而不僅是別人的魅力而已。

一段關係就是一條靈性之道，因為它是由不間斷的錯覺脫落而組成。

萬古千秋，
我原諒你，
你原諒我。

——英國浪漫主義詩人威廉·布萊克（William Blake）寫給他的妻子

第三部　整合的層面

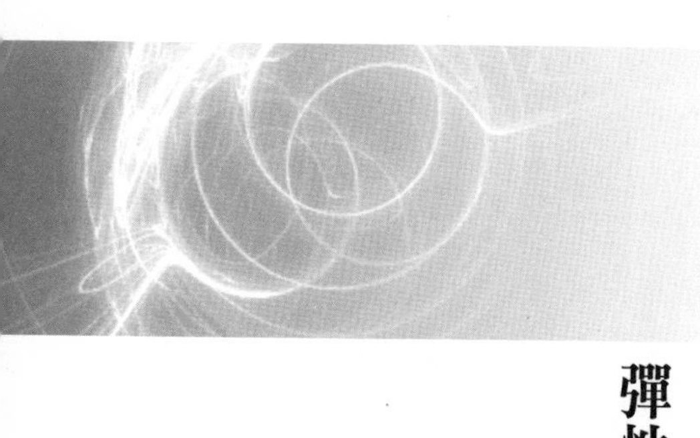

第九章 彈性整合的藝術

如果我們願意投注足夠的注意力、發揮足夠的熱愛或保持足夠的耐心，我們也許會驚訝地發現，在經驗的核心中，有一種次序和一致性存在。有時間嗎？

——勞倫斯．德雷爾（Lawrence Durrell），《亞歷山大四部曲》第一部《賈斯汀》（*Justine*）

個人整合的過程是一種容納，而非排除。當我們能夠自在地將思想和行為的所有面向（不論正面或負面，例如「我現在變得比較有自信了，但是偶爾還是有些被動」）都包含納入，才算是整合了健康的自我。倘若我們要求排除所有的缺點，就只是在為難自己而已。

整合是一種人性，而非機械化的過程。它有獨特的時機，不是我們所能掌控的。整合並不表示一個問題能夠被完全解決，然後再也不會發生，例如：「我越來越明白你的感覺，但這並不表示我會總是陪著你。」

進行整合，就是將改變範圍的兩端自在地包容在一起。舉例來說，我們的自我表現（self- presentation）會變得更真實可信，但是同時，我們有時候不免還是會假裝不知道。整合並不是統包所有的事，只是重新安排我們生命的比重。現在，我們變得更開放，也不像以前那麼武裝，但是這兩種狀況都還是會出現在我們整體行為中。

在一夫一妻制的關係中，當你對其他人產生欲望時，整合並不是要你徹底拔除這個欲望，違背自己的這個體驗；而是容納這個欲望，但並不設法滿足它，並且找出這個欲望想要告訴自己什麼。這麼做不僅對自己的內在生命忠誠，也對自己的關係忠貞。

一旦我們認知到，真實的改變不一定代表要變得完全不一樣，我們就會變得輕鬆、快樂許多。我們會因為正面感受增加、負面的感受減少，而獲得簡單的滿足。我們會更加尊敬高尚而神祕難測的人類轉變的時機，知道一部分是靠努力、一部分靠時機。我們會承認並且要求其他人也承認自己內在的這個部分。正如藏傳佛教徒的導師創巴仁波切（Trungpa Rinpoche）所觀察的：「泰然處之的智慧，充滿慷慨；平等地看待所有狀況，將它們視為存在的裝飾。」

> 我是我的現在和我的過去，因此，全新的洞察將和舊時的信念將同時共存。與其試圖去根除自己的舊信念，我單純地選擇不再對它有反應。我允許過去的信念存在，但我盡量依照新的、有較好訊息的信念來行動。我同時保留新的行為和舊的信念及習慣：

1. 我接受挑戰，但是我依舊會感到害怕。
2. 我相信某人，但是我會保留懷疑。
3. 我選擇愉悅，雖然其中帶有風險。
4. 我放棄去懲罰，即使我仍然會感覺到仇恨。
5. 我會要求自己想要的事物，同時允許自己強烈地保留這個願望。
6. 我的自尊會和偶爾出現的自責共存。
7. 如果未能與別人分享，我會覺得焦慮。

上述的每一項，如果其中的比例一直不變，或是雖然一直改變，卻總是朝負面或自我防衛的方向改變，我們就不能說是有進步。如果比例改變，而且是朝向正面的方向改變，那麼即便每次只改變了一會兒或一點點，我們都是在成長。

要知道，如果我們持續把感覺的所有面相都減縮成單一評判，就不是在整合它們。舉例來說，「我被情緒困住了」也可以是指「我很沮喪、悲傷、自憐，而且拒絕讓自己振奮起來」，或是「我是個慈愛的父親」也許需要擴展為「在許多方面我是個慈愛的父親，但總有些時候我有控制欲，而且會將自己的期望置於孩子的需求之前。」

當我們發現自己忽略了感覺和行為的所有面相時，就要特別注意。在注意到自己忽略後，就會接著發現我們對事物的形容有所欠缺。發現這一點，可以加深我們感覺的深度！「從現在起，每當我要評判我自己（或其他人）時，就使用增加形容詞的技巧，要增加四個從某方面來說也是真實的形容詞！」

坦率地對別人承認，有時候你成功，有時候你失敗；有時候你為了他們而堅持，有時候你可能會讓他們失望。當然，比起讓他們失望，你會試著讓自己為他們多堅持幾次。你並不完美，但是你承諾會為失敗而修正，為損失而補償。這就是自我的**彈性呈現**（因此它是屬於成熟之人的方式），它保護你不會因為別人的期待——那種你絕對會被倚賴的期待——而受傷害；它也保護你不會因為別人對你的想法——那些你一定會被打折扣的想法——而感到懊惱。英國的紅衣教主紐曼（Newman）曾經非常明智地提到：「活著就是要改變。想要完美，就是要經常改變。」要求自己的行為完美無瑕，這根本就違反人性。那種時時刻刻把自己憋出一身冷汗的壓抑性警戒心，它代表的不是成就，而是自我損害。

如果自我實現代表的是我們的內在任務必須全數完成，而且我們必須是完美的，那等於選擇了永遠放棄成為快樂的人。沒有人可以完美若此，也許偶爾可以做到。如果整合是指完整地包含一個過程，那麼就像錫耶納的聖凱瑟琳（St. Catherine of Siena）所說的：「所有通往天堂的道路，都是天堂。」我們現在是完整的，在整個過程中也都是完整的。

英雄之旅的比喻可以有力地說明這一點。旅途中的每一步都是神聖的：跨越門檻、掙扎、帶著更高的意識歸來。英雄總是依循著當下在他眼前展開的的挑戰而行動，所以英雄永遠是完整的。同樣的道理，掙扎的價值也和獎賞同樣珍貴，因為兩者都是當下那個時刻給予的榮耀。當我們面對自己的恐懼、克服恐懼、整合恐懼時，我們就獲得了完整的自尊。然後就像榮格所說的：「完整性是整體的，不是完美的。」

化學元素如果被小心地分置，就不會轉化為任何新的事物。當它們被放在瓶子中，彼此混雜、相容在一起，就會產生出比原來更新的東西。心靈就是這個瓶子，可以容納我們身上共存而相異的思想和感覺——不論它們看起來是多麼地不相關。「對立之物的神聖結合」，這是多麼古老而又普遍的靈性圓滿象徵！

我試圖幫助別人……藉由幫助他們，接觸他們內在的溫柔和力量，去經驗他們精神的連通性。我不認為有所謂即時親密感或速時靈性這種東西——這些事必須在我們內在逐漸演化。要接觸它們……我們必須看到……我們是為進化而生……這是關於成長的事——無須害怕它。不是說我們不曾聆聽信息，那是耶穌說過的，還有佛祖以及其他神祇。在過去，我們多數人說：「祂們超越我們，祂們是神聖的……我們只不過是人類而已，所以我們無法產生同樣的連結。」但是現在我們開始知道，其實我們可以做到。

——美國心理治療大師維琴尼亞・薩提爾（Virginia Satir）

第十章 與陰影為友

在路上，我們用一千種偽裝與自己相遇。

——榮格

「陰影」（The Shadow）是無意識的原型，代表我們那些恐懼的、否認的、未被重視的、禁忌的或被排除的部分。神話學大師約瑟夫．坎貝爾認為，陰影是「我們還不敢去整合的、充滿抗拒又難以處理的心理力量。」我們將這些力量（性格特徵）投射在與自己相同性別的其他人身上，並對他們作出強烈的反應。

負面的陰影是由我們自己無法接受的、被否認的缺點所組成，我們會強烈譴責別人的這個部分。我們對自己身上的這個部分毫無意識，對別人身上的卻非常敏感。**正面的陰影**則是由我們內在隱藏的良好特質所組成，我們會特別讚賞或羨慕別人的這些特質。我們尊敬別人身上的這個部分，卻否認自己內在也有這個部分存在。愛默生說：「在每一部天才的作品中，我們都可以發現被我們所拋棄的思想，它們帶著某種陌生的尊嚴，回到我們身邊。」

「我」和「它」

陰影將某部分的「我」（我們真實的自己）變成「它」（似乎只存在於別人

身上）。與陰影為友的意思是指，修復我們所有投射的、被放逐的部分，以重建「我」之完整性。就如佛洛伊德所說：「它所在之處，我必隨之而行。」

被我們排除與否認的那些部分，變得比生命還要巨大。它刺激了我們，也令我們恐懼。我們被自我不存在的部分所傷害。去憶起並整合我們的投射，就是承認它們，讓它們回歸自身，然後我們會容納自己的所有部分。這就是心理治療的意義：**承認我們所否認的，然後重新獲得自己的完整力量**。

只要把自己的防禦鬆開一段時間，就足以讓我們承認和接受，原本以為在「外面」的那些負面事物，從某種角度來看，其實是在我們的心「裡面」。然後我們就能自然地找到正面價值和個人富足的內在核心。放棄防禦就是遠離自我的神經質依附，也就能達到統整的健康自我。

美女在野獸仍舊醜陋的時候接受他，結果她找到了王子——一位和她一樣美貌的伴侶。這是她失去的部分，也是她的另外一半。她徵召了自己一向害怕的、被剝奪的能量，她的敵人因而成為她的同伴；他不再比生命巨大，而是生命的尺寸。她在他身上找到了認同，這就是靈性的本質我，在我們所有人身上都一樣，因為無條件的愛而被釋放。

整合正面的陰影

要整合正面的陰影，就是在敬畏別人背後，承認自己所擁有的未開發潛能。我們開始認知、瞭解，並且從自己內在釋放那些我們羨慕別人、以為只有別人才有的獨有才能和特質。一開始，我們可能只是「彷若是這樣」，但是很快地我們就能夠從容地辦到，甚至讓更多隱藏的力量越來越接近我們。我們只須付出努力，接下來讓恩典掌管一切。

整合負面的陰影

要整合負面的陰影，我們必須承認——也許一開始看不出合理性——一些別人身上讓我們輕視的性格特質，其實我們自己也有。我們放棄責備，找到真正價值的核心，然後我們就會發現，自己身上也擁有那些正面（只是尚未活化）的特質，是我們在別人身上看到的負面特質的相對之物。隱藏在所有負面事物當中的，永遠是一些充滿活力的美好事物，我們總是希望它們能屬於自己（就像野獸中的王子想要屬於美女一樣）。**所謂的「負面」，只代表了我們尚未經由意識整合來修復的那個部分。**

接下來是一些負面陰影的對應物（counterpart）。當你承認自己非常不喜歡別人身上的任何一種性格特質（「投射」那一欄），你就應該同時接納它的相應之物——那是你身上可能擁有的、鮮明的正面特質（「尚未承認」那一欄）。

你投射的部分：如果別人這些特質會引發你強烈反感	**你尚未承認的部分：那你可能擁有這些還未被應用的特質**
上癮	堅定不移
焦慮	興奮
尋求認同	對讚賞保持開放態度
傲慢	自信

偏見	洞察力
暗自辛酸、心懷怨恨	拒絕忽視不平之事
喜歡管人、照顧人	同理心
執著、黏人	忠誠
妥協	協調
強迫性的紀律	組織、效率
指揮他人	教導、鼓勵
縱容	有智慧的策略
控制、操弄	領導、效率、協調力
怯懦	謹慎
殘忍	憤怒
狡猾	深謀遠慮
防禦	準備
過分苛求	要求、請求
依賴別人	合理地信任別人
阿諛奉承	稱許

有勇無謀	勇敢
貪心	自給自足
內疚、有罪惡感	具有自覺
懷有敵意	自我肯定
虛偽	具有「彷若是……」的能力
沒有耐心	熱心
衝動	自發性
無能力去做	願意去經驗
優柔寡斷	對各種可能性保持開放的心態
麻木、感覺遲鈍	客觀
恐嚇	比較、對峙
猜忌、戒備	保護、防護
妄下結論	直覺
缺乏秩序	靈活、有彈性
懶惰	放鬆、閒適
寂寞	接受滋養

好辯	表達能力
說謊	想像力
貧窮	要求尊重適當的需求
諂媚	尊敬
完美主義	承諾把事情做好
拖延	尊重別人的時間
固執、僵化	堅韌、不屈不撓
諷刺、嘲笑	機智
自私	自我滋養
自憐	自我寬恕
做事出於義務	做事出於選擇
狡詐	精明
委曲順從	合作、配合
魯莽、不得體	真誠、坦率
視為理所當然	接受、承擔責任
復仇心	正義、公平

利用前述的清單，再以下面的方式來處理負面陰影：

- 當別人表現**控制欲**時，我感到強烈地不滿。
- 我承認我也有**控制欲**，只是或許現在我還沒發現。
- 我做事有**效率**，也有**領導技巧**，但我尚未完全地發揮。
- 我選擇「彷若是」我有高層次的**領導技巧**，但不是讓人覺得我有**控制欲**。

當你完成了這些步驟，下面這三種結果會自動轉化發生：

- 別人的控制行為會變成一個單純的觀察對象。你會從中得到訊息，但不會被訊息所影響。你是個目擊者，而不是對抗者。
- 你具有的那些微小的控制行為將會消失。
- 你的協調性和領導技能會自然而從容地浮現。

只有真正屬於我們的，才有療癒的力量。

——榮格

第十一章
在黑暗中看見：夢境與生命目的

夢境能在事情發生很久之前為我們準備、通知或警告一些情況。這不是奇蹟或未卜先知，大多數危機都已經在潛意識中孕育很久了。

——榮格

夢境是來自潛意識的訊息，它會告訴我們：我們處於人生旅途的何處？我們的掙扎是什麼？前方又有什麼樣的命運在等待著我們？

我們的生命目的，是讓意識之光穿透我們自己和我們世界中被忘卻的黑暗角落。夢境告訴我們的是未知的真相，它從不會說些我們已經清楚的事實。就像**陰影**一樣，它會讓我們看到被我們隱藏起來的面孔，還有被我們自己所否認、忽視的那一面。

被我們排除在意識生命之外的部分，會在夢境中回歸，並且要求我們將之統整在我們的完整性之中。在這個意義上來說，夢境調和了意識和潛意識，是描述我們命運的另一種方法。

夢境是改變的媒介。當我們聆聽夢境，它將引領我們進入自己更深層、尚未被發掘的內在世界。「更深層」是指在我們的意識和潛意識生命之間，被鍛造得更強烈、更豐富的內在連結。

實用的訊息

每個人每天晚上都會作夢，通常是每隔九十分鐘作一次夢。剛入睡時，夢境會維持一至二分鐘，後來會延長至一個小時。不論我們剛醒來時對夢境的記憶有多麼清晰，但因為夢境是被儲存在短期記憶中，因此很容易被遺忘。我們的夢都是彩色的，然而顏色卻是最容易被遺忘的部分。

夢境會把白天發生的事情當成素材，然後把它們想說的透過這些素材告訴我們。因此，不要用「我作了那個夢是因為昨天我……」這種說法來解釋夢境或減少夢境的意義，這一點非常重要。

◆每個人都能夠記住自己的夢：

1.不要再說：「我不記得作過什麼夢。」

2.從白天到睡前都一再地告訴自己：「我記得自己的夢。」

3.躺在床上等候入睡時，利用自動暗示法（auto-suggestion）：「我會及時醒來，寫下我的夢境，然後再輕易地回到夢鄉。」

4.在床邊放置紙、筆和燈，一旦醒來立刻寫下夢境，不論你記得些什麼，也不管你的記憶有多麼殘缺不全。如果一開始你真的什麼也記不得，至少寫下那個時候你想得到的任何感覺。只要練習，就會有成果。不要試圖寫成一整個段落，而是一個詞、一句話地寫，只要寫出夢境的重點即可。包括醒來時的感覺、夢境裡的心情、夢境的色彩、場景、說明，以及夢境的結局。

5.保持你的夢境日記，把你每天記錄下來的夢境片段完整地抄在裡面。

6.把你的夢境告訴別人。

7.每天都使用「積極想像法」（後面將另作敘述）。

利用以上這七種方法，尊重你的每一個夢境，這樣你就容易記住它們，也能接收它們要傳遞給你的訊息。榮格說：「對潛意識的注意，會換得它的合作。」

重覆的夢境

許多人都作過這種夢：一個重覆發生的夢境，它可能在你一生中都會反覆出現，或是出現在你人生的某個階段。這樣的夢境可能有以下幾個用意：

1. 補償意識生活的不足。
2. 參與改變、轉換或靈性轉化。
3. 消化生理或心理上的創傷（因為吸收傷害的最佳方式就是重覆）。
4. 對於不期而來的、延遲的、失控的事物，世界性災難，僵化，或關於營救的幻想，表露出正常的焦慮。

在面對重覆出現的夢境時，只要注意它們的細節可能有哪些改變，然後指出它們呈現出來的問題是否有較多或較少的整合即可。接下來，讓這些重覆出現的問題告訴你，你在焦慮些什麼？在悲傷些什麼？或是你有什麼不足之處，這樣你就可以對它們多加注意。

重覆出現的夢不須多加解釋，它們就像生命腳本一樣會重覆出現，直到整合自然地發生為止。

夢魘

夢魘是一種會讓我們驚愕醒來的夢境。從這樣的夢境中，我們可以獲得震撼治療。在這種方法中，潛意識會將它的訊息用特別放大的方式來呈現，讓它引人注目、令人吃驚，好強迫我們將注意力聚焦在上面。讓夢魘持續越過那個讓我們感到恐懼的點，面對恐懼的特質，並詢問它們的意圖，這一點非常重要。在夢境中要做到這一點似乎不太可能，但我們可以等到清醒後再重新想像夢境，好完成這個功課。

記住，可怕的夢魘以及夢境中粗野、殘暴的影像，都不代表你是個壞人、你內心在想著可怕的事。我們每個人都擁有所有人類可能會有的面向，這就和字典裡儲存了所有單字一樣地自然。

沒有所謂不好的夢。每一個夢境都會給我們必要的訊息，讓我們知道什麼是還未見光的、什麼是尚未被轉化的。夢境中的恐懼會洩露出想要和我們交朋友的**陰影**。將「這個夢告訴我，我是個多麼糟糕的人。」這個敘述改變為「這個夢告訴我，我有多麼需要這些訊息，或者我有多麼需要去做些什麼事，或者我該接納哪些事物。」

孵夢

孵育夢境（Incubation）是一種古老的方式，在希臘的醫療之神阿斯克勒庇俄斯（Asclepius）的廟宇中，特別強調它的顯著性。要孵育一個夢境，就是要喚起一個夢境，來回應自己最近關注的事。事實上在你這麼做時，就是在諮詢你自己的完整性，在夢境中調合智慧和治療。

要促進這個過程，以下是一個三段式的方法：首先，在白天以及你要就寢時，專注於自己關心的焦點或問題上。其次，要求你的內在心靈給予答案。第三，許下承諾，如果得到了答案，就回贈一個致謝禮。禮物可以是對別人好、去當義工或捐贈等等。

積極的想像力

來自內在知識的夢境比自我更強大，但我們必須透過與自我合作才能夠瞭解它。我們那個胸無點墨的人性只會用些象徵和譬喻，來重新連結我們那些分裂的部分。夢境中的每樣人事物都是我們自己某部分的象徵，需要我們投以關注。這些象徵是非常私人而個人化的，所以書本對它們的評價向來不高。

積極的想像力是一種榮格式的技巧，用來與無意識的象徵互相結合，以找出它們獨特的意義。它是意識和潛意識之間的合作功課，透過和夢境中的人物對話，來發現、活化他們想要傳達的訊息。事實上，每一個強烈而令你注目的影像（特別是那些已經持續經年的）都能夠採用這個同樣的技巧。

有意識地探索一個來自潛意識的影像，就是經驗一個人最深層的部分。積極的想像力是針對本質我，而治療的過程是針對自我；想像是針對本質我，而思想是針對心理。

在使用「積極的想像力」這個技巧時，那些象徵會透露、活化被我們所隱藏的真相。任何可以被視覺化的事物，都可以被想像，也因此，它能成為自我揭露和靈性轉換的工具。

榮格注意到這一點時，他說：「神話和象徵所表達的心理過程，比最清楚的概念還要尖銳、清晰，象徵傳達的不只是視覺化而已……也是重新經驗。在這樣的朦朧之中，我們只能靠著無害的同理心來瞭解，這樣的同理心太過清晰，想要打消它的存在根本不可能。」

◆運用「積極的想像力」的形式

1. 利用冥想，清空自己的思緒（下一章將介紹冥想的技巧）。
2. 用肯定的態度聆聽自己的潛意識，但不用將它記述下來。

「我敞開心胸，接納內在的訊息。」

「我準備好知道我應該要知道的事。」

「我知道我的想像力是一種治療的能力。」

3. 用寫的、畫的或行動來和想像力對話，但不要解釋它。

當你感受到以下這些感覺時，對話就會展開：

- **我是「接收到」這些影象，而不是我「喜歡」這些景象。**
- **它所述說的內容，並沒有來自我的提示。**
- **我的回應不是依靠邏輯或思想論述。**
- **我自發性的直觀能力。**

4. 為自己創造一段宣言，清楚指出任何得自這個過程的結果，例如：「我越來越能寬恕了。」

5. 為這個成果訂立一個儀式或行動，並對從中獲得的禮物感到驕傲。

◆以下是一種運用想像力的方法，有助於你和想像力對話

1. 將你要想像的影像用圖畫或文字的方式畫在紙上，在它外面畫一個圓圈，然後將這個圓圈用八條線分成八個等分。在每一條線上寫出與這個影像有關的事。不要用代名詞、定義或簡單的描述，也不要像自由聯想那樣用前一個字為基礎。讓八條線都返回原始的影像，讓文字或片語自然而然地產生。

2. 在這八個詞彙中，選擇最令你注目或最令你驚訝的詞。
3. 把它變成一個對自己的問題或要求。
4. 不要思考，直覺地回應它。

5. 喚醒最初這個影像的力量，將這個反應轉化成實際的計畫。

想像與默觀

前面描述的「積極的想像力」的技巧，在夢境療癒（Dreamwork）上是有幫助的。同時，夢境中出現的影像也具有超凡的力量，能夠激發這個技巧。只要在心中保留這些影像，而不要試圖從影像中形塑任何訊息，這就是默觀（contemplation）的一種方式。這種對影像的同理（empathy）會引導出微妙的內在轉變，讓夢境療癒變得更有心靈深度。

榮格用心靈來**辨識**影像。在超越個人的情境中，夢境的影像並不代表其他的任何事物，它無從削減，只歸屬於它自己。它獨立於心理結構，既無法指稱另一種現實，也無法被任何人判定。夢境並不是想像力的產物，而是自我的鏡子；它不是象徵，而是事實。這就是為什麼在面對影像時，默觀的方式如此值得讚許的原因。

我們沒必要在每個影像中強加什麼意義。只要**與影像共處**，它就會自己給我們解釋——就好像基督在以馬忤斯（厄瑪烏）透露他的完整性一樣，信徒只要和祂坐在一起就可以了。我們強加的意義或試圖從影像中找到的解釋，只會讓影像沈默不語。影像是為了要被見證，不是要被捕捉；是要被保護，不是要被消費；是要被尊崇，不是被拿來使用。信任影像會來夢境中找你，在你的生命中為它們預留真實出現的空間。這是你的真實呈現。

內在的完整性，會將它未被滿足的訴求壓在我們身上。

——艾瑪・榮格（Emma Jung）

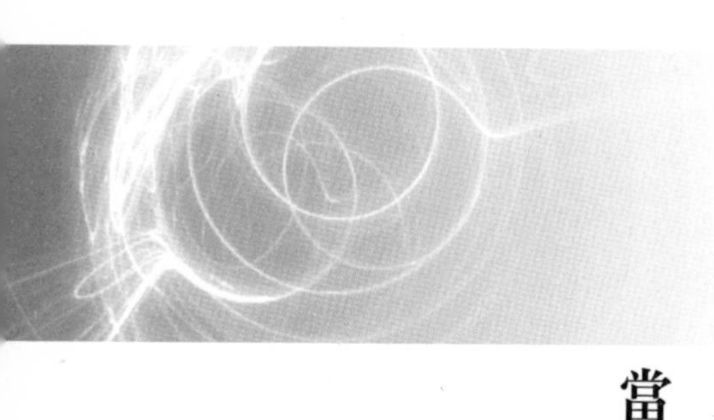

第十二章
當心理與靈性相遇：自我／本質我軸心

在和解的時刻中，偉大的奇蹟出現了。

——榮格

自我和本質我的統合

當生命展開時，心理成長和靈性成長是各別而又同時進行的。想要達成對全人整體的瞭解，兩者同樣必要。有效的心理治療會兼顧自我和本質我，在改變和轉化的過程中，提供最重要的協助。

心理成長具有線性的時序，引領我們從問題到解答，從不足到完善，從功能不彰到功能齊備。

靈性成長則是一趟旅程，從「神經質的自我」那種強迫性的依附行為，逐漸邁向「活在當下的本質我」。這趟旅程沒有明確的目的，而像是一個努力取向的自我任務。這個旅程會帶領我們回家、回到我們自己，在那裡，所有在此之前彼此對立的事物都已達成神聖的結合，並等候著我們。生命中的每一件事物至此都契合了。這就是我們應該去達成的、擁有完整意識的終極目的。「我的生命目的是創造更多的意識。人類存在的單一目的是為了點亮『僅是存在』的黑暗。」榮格在生命結束前曾經寫下這段話。

自我的最終任務是創造出足夠的健全土壤，讓本質我可以培育它唯一那朵不朽的玫瑰，接受光的滋養而活。自我工作和靈性工作都結合了「努力的轉化」（從痛苦中收穫）以及「不費力的轉化」（從恩典中獲得）。我們改變自我，也被改變，就像騎士駕馭著馬匹，然後隨著馬匹前進的方向而被移動。我們在自我成長中所採取的步驟，會溫和、自然地將我們轉換入頓悟之境，以及更健康的存在與連結方式。靈性成長則會帶動我們的開悟，就像被光線穿過一般！如同榮格派心理學家弗朗茲所說：「開悟是光所賜予的完整性。」

和演化過程一樣，編織出人類織錦的這些絲線中，偶而也會出現未經計劃也無從計劃的量子式成長，我們接收了進步的恩典（禮物），那絕非單憑我們的努力或控制就能獲得。我們開始注意到力量與玄奧智慧的新來源——在我們體內，也在我們周遭。對於這種奇蹟，我們唯一的反應就是感恩：那是和可見的／不可見的本質我最有效的溝通形式。

心理和靈性成長的統合，可以用一個例子來說明：如何處理童年時期的傷害。在心理上，我們藉由哀悼過去和自我親職工作，**徹底處理**（work through）

我們的情緒；在靈性上，我們**使用**（work with）過去經驗作為現在治療的影像。這些影像或許會透露出是哪些傷害我們的事物，至今仍舊刺痛著我們。我們需要生命中的所有經驗——不論正面或負面的——來讓我們在情緒上和精神上變得更加豐沛！如同禪宗俗諺提到的：「我的穀倉燒掉了，我因而見到月亮。」

就像我們學到要尊重時間一樣，我們或許也注意到了，在人生的不同階段，我們對於心理和靈性的重點也會有所不同。有時候，我們主要的目標是去找出自己的挑戰，回應它，並且緊緊把握、深刻地參與它的計畫和人際關係。這是功能性自我的任務，它的優先性理所當然地超過放手。而在其它階段，對我們最有利的是選擇那些帶給我們較少累贅和障礙、讓我們較輕鬆以及讓我們放手的工作。這是靈性層面的展現，有時它比自我的目標更具有優先性。

心理成長最終會引導我們走向完整，並帶領我們前往改變的目標：**更健全的自尊及更有創造力的關係**。靈性成長則會帶領我們達到意識的持續轉變：**一個永遠實現的本質我**，可以接觸到內在治療的力量，治療我們自己，也治療其他人。

在這個轉變的階段，我們會感受到一種神聖與仁慈，一種存在於所有生命與事物中充滿喜樂與愛的無垠的統一性，一種存在於明顯對立物之間的和諧，而且我們也將領悟到，即使這一切可以在一個同步的瞬間被理解，卻沒有任何言語可以加以描述。

個體化軸心

我們的個體化（也就是**成熟的自我實現**）就和人類一樣，永遠不可能捨棄自我和肉體，以脫離現實的靈體形式而存在；也不會在神經質的自我一邊懷著對靈性高度的恐懼，一邊維持著誇大的錯覺（認為沒有任何事物可以超越它本身）的情況下發生。它只出現於一個從容自在的「自我與本質我的軸心」，在那當中，我們可以接近自己所有的力量，並及時展現我們所擁有的無限性。就如聖經〈哥林多前書〉（格林多前書）15章53節中所言：「這必朽壞的總要變成不朽壞的，這必死的總要變成不死的。」

在這樣的平衡中，自我不會再阻礙我們，也不會繼續將短暫無常的現實當成永遠可以依賴的對象。《浮士德》（*Faust*）中說：「逗留一下吧，你是這樣美！」更確切來說，我們的自我將能持續地悠遊於「把握」與「放手」、「給予」與「接受」、「努力於可改變的」與「憩息於不可改變的」。

接下來，對於那些「已經過去、正在經過，以及即將到來」的一切事物，本質我將以無條件而充滿愛的姿態，聽從它所述說的、它唯一知道的那個詞：「如你所願。」而這一切總只發生在當下。

榮格在臨終前說過：「到頭來，生命中值得傳述的事件，只有那些從不朽世界中噴發到這個短暫無常世界中的事件。」畢竟，我們的旅程是來自短暫無常，而抵達永恆不朽；也就是從自我依附出發，經由內在力量，到達無條件的愛，那就是我們靈性的本質我。

冥想

在我們專注於目標時，進行冥想（Meditation）可以給我們一個暫緩的空間。

在冥想中，我們**不需要做任何事**，就能與內在的完美之境保持接觸。而冥想的相反，就是依附於計畫、分析、控制，以及努力讓事情按照我們想要的方式發生。在冥想中，我們只是單純地接受現有的狀況，並尊重其完美之處。這讓我們開放自己，並讓改變自然地發生。

冥想不是為了獲得平靜，而是要讓我們**存在於當下**。當我們放開那些阻礙我們活在當下的事物——諸如思想、願望、期待和依附——的時候，寧靜和專注自然就會出現。

靜坐冥想通常要盤腿，或是坐在椅子上把背打直，將頭挺起，雙手置於大腿或膝蓋上，自然而均勻地呼吸，嘴巴闔緊，雙眼打開。這可以讓你專注於當下，同時又不會把當下的真實感排拒在外。不要盯著地板看；只要看著地板，但不要專注於它。事實上，不要專注於任何事，只要持續察覺自己的呼吸。

也不要試圖摒除所有的思想，或者認為想到別的事就代表分心了。讓你的思想**穿透**心靈，但不要鎖定任何想法。只要觀察它們，不要有任何判斷或依附，就好像它們只是電影的一部分一樣。

事實上，這也是一種日常生活中的操練：你不必被任何腦中的生命腳本所綑綁。你可以成為一位沒有焦慮、不自我中心、卻充滿覺察的內觀者，你可以讓已發生的事來告知你，而非淹沒你。

當你注意到自己正隨著你的思想漂流時，將這種行為視為「思考」（thinking），然後重新回到注意自己呼吸的狀態。利用這種方式提醒自己，你可以選擇離開自己的故事情節，回到當下。

如此一來，冥想就能為你帶來力量，讓你認知到自己當下的困境，就像為你的下一步點燈引路一樣，讓你在人生的道路上繼續邁進。這就是當下之所以完美的原因。

邁向改變的心理步驟

1. 放開神經質自我的依附、控制和權利。

不要這麼做：「這必須依照我的方式完成。」

而要這麼做：「我放棄『這事必須按照我的方式來完成』的想法。」

2.對任何發生的事件、感覺或狀況都無條件接受：
「我完全允許這些。我不必知道原因，就可以完全地信任它。」

帶動本質我轉化的轉變

1.某些顯然是全新的事物出現了，而且伴隨著……

2.可以解決我所面對的緊急狀況的力量。

3.現在，我以直觀的視野來觀察：
哪些是我堅持的，哪些是我因而退縮的。
哪些部分是我可以放手的，哪些部分是我因而堅持的。
我拒絕了什麼，因而阻斷了我的旅程。
我接受了什麼，因而推進了我的旅程。

我們花費一生在等待偉大的日子、偉大的戰役或偉大的作為。但外在的完善不會給我們太多幫助，它也不是必要的。只要我們對任何事的精神都充滿熱情，那麼心靈就會從隱藏而無名的努力中浮現。

要達到這樣無價的階層，就要平衡地經驗這兩種真相：我們需要所有的事，也不需要任何事。我們需要每件事，是因為這個世界從不曾大到足以滿足我們所有的渴望……而我們之所以什麼都不需要，是因為唯一可以滿足我們的事實，已經比鏡中的反射更清明。然而，每件事都會褪色、死亡，它只會讓我們帶著更大的純淨回到現實。所有的事代表任何事，但又什麼都不是。對我而言，任何事物都是神，也是塵埃。

——德日進

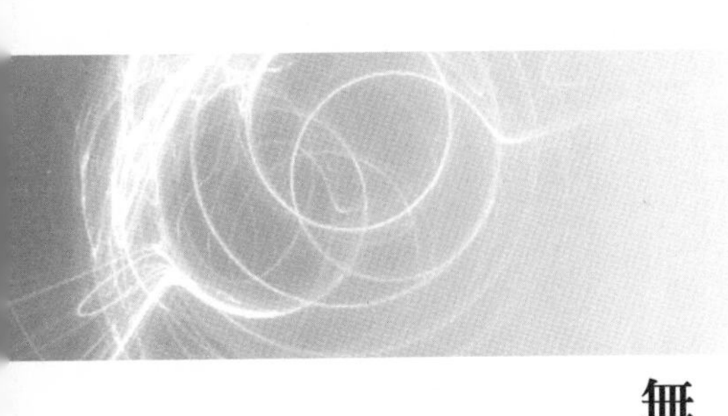

第十三章 無條件的愛

石頭圍成的藩籬擋不住愛。
愛的力量所能做到的事，它都會冒險去做。
——《羅密歐與茱麗葉》（*Romeo and Juliet*）

愛是最美好的人類恩典。

出於期待、貧乏，或是想要改變、控制、拯救他人的欲望，它是無條件的。

愛懂得放手，不會執著或控制。

它不會從我們身邊帶走任何事物，當我們分享愛時，愛會加倍。

不論是什麼，只要它對愛是真實的，對我們每個人也都是真實的。

愛與我們，正是一個奇蹟。

我們獨有的命運，就是無條件的愛。這不是我們要努力達成的事，而是我們一向如此、也已經存在的狀況。我們每個人對於愛的體驗都是獨一無二的，並且各自不同。

生命中的每個選擇，會支持或否認這個洞察一切的事實。

生命中的每一項風險，都是讓我們愛得更多的挑戰。

在我們身上發生的，或是經由我們而發生的每件事，都是關於這份愛：關於我們要如何看見它、如何展示它。

以一個非常真實的層面來說，我們之所以能成為我們自己，是因為別人已經展現給我們的愛。每個成熟之人所擁有的資產，都是由那些愛我們的人所給予的禮物累積而成，他們愛真實的我們，鼓勵我們獨特的自我出現。

我們的起源，就在這份愛的生活對話當中。因為愛，我們才覺得有活力。

愛不是一種情緒，而是一種絕非感情用事、真確而實際的存在，就存在於此時此地：豐富、沒有傷害、充滿力量、真實、富有意識。

如果愛代表了有意識地選擇以無條件的態度存在於當下，我們能夠去愛的就不再只是人類，而是我們生命中的一切真相。

愛給予我們領會事物本質的勇氣，把一切視為一種智慧，把一切視為我們獨有的最佳困境，而在這樣的困境中，我們將得到自由。榮格這麼建議我們：「確認事情的真相，給予它們無條件的肯定，它們是……對於存在狀態的一種領受。」

每個人、每樣東西或每件事都希望得到我們的愛，當我們付出愛時，它將說出未曾言明的秘密：每件事物都是不朽的肯定。

我們對別人的愛的起點，是我們對自己明智且無懼的愛。

當我們對著鏡子看到一張畏懼的臉孔，我們只看到了習慣和條件反射。我們的真實影像是充滿愛與力量、等待被承認的。

我們愛自己的方法，是展露自己的感受、對自己內在那塊我們不喜歡或被驚嚇的地方溫柔以待、不要停留在上癮或受虐的關係中。我們邁向全新的視野，那裡會供給我們養份，並尊重我們深沉的愛的能力。

我們用這些方法擁抱自己的命運，及時展現我們所擁有的永恆的愛——就如英國詩人約翰·多恩（John Donne）的詩歌所言：「否則，就像一位偉大的王子被關在囚牢裡。」

唯有愛，能夠滿足我們那股來自內在的、無法言述也壓抑不住的渴求。我們的生命總是會感到強烈的不足，直到無條件的愛發生。只有在這時候，我們才瞭解自己長久以來缺乏了什麼；只有在這時候，沙漠才會綻放花朵。

關於愛，最讓人困擾也最難以捉摸的是，我們可以完全地展現愛，但我們永遠不知道我們有多愛一個人，或者我們被愛的程度有多麼強烈。

愛比我們所能想像的或我們曾經想像過的都還要深刻。

有時候，一個眨眼、一個碰觸、一個字或一份禮物，就洩露了我們從來不曾猜測到的愛的深度。但是即使如此，我們還是無法知道愛的所有範圍，只能看見它長久持續或短短一瞬的搶眼展現。

我們的心智限制了我們的能力，使我們無法臆想或瞭解愛有多麼深刻。我們的行為可以完全地將愛展現出來，但我們的心卻不會讓它完全地進入。

愛是無法形容的。我們永遠無法適當地用言語來表達愛，因為言語是我們心智中的一個類別，而愛卻是鮮活的經驗。

為什麼愛是如此獨特的奧祕？因為愛讓我們能夠與比自己更大的力量連結，並保留它。

所有生命經驗中最珍貴的就是愛，但我們卻無法用理智來掌握它，這是如此令人哀傷並難以理解。「這就是我們流淚的理由。」

我們在靈性道路上有越多進展，我們就越能夠瞭解，一切良善的、美好的，以及所有肯定生命的事物——甚至是苦痛——都是愛。

我們欣賞莫札特的音樂之美。然後有一天，我們發現美只是他用來讓我們覺得自己被愛的工具而已。旋律深情地打動我們。它們在有限當中釋放無限。

我們發現了音樂這項恩賜的重要性，我們在自己體內感受到它。我們找到了它長久以來依然存在的原因：它展現愛，也幫助我們接受愛。詩人威廉・布萊克（William Blake）說：「我們來到地球的一小塊地方，我們也許可以學習承受愛的光芒。」

然後我們知道，音樂就像是愛的聲音，而藝術、戲劇和舞蹈，就是愛的樣貌。只要事物依然擁有感動我們的力量，它就必然是愛。畢竟，愛能夠感動地球、感動其他星體。

無論何時、何地，我們在任何關係中、在性中、在討人歡心時、在家人聯繫與其他任何連結中所要追尋的，都是無條件的愛。

一直以來，愛就在我們身上，愛就在我們周遭。唯一要去發掘的，是找出哪些是我們一直擁有的，哪些是已經屬於我們的。

在這個令人費解的宇宙中，身為人類的我們之所以如此獨特美好，是因為我們從來不曾放棄愛。

在那些無意義的受難史中，即使沒什麼希望、也不保證會被回報以愛，傳遞給我們的事物也總是出於仇恨與傷害，我們仍能在其中看見**我們持續去愛**。我們為每一個裂開的空洞建立了溝通的門扉。

愛讓我們願意接受命運所做的選擇，然後我們以愛去回報自己的命運！這種愛的能力，值得深刻的尊敬。

我們怎麼能懷疑自己在這個星球上所扮演的特殊性？我們理當有意識且孜孜不倦地進行這個演化過程中最精緻、也最溫柔的任務：**從零開始去愛，並且讓愛持續到永遠**。

我們的經驗是，人類活下來了。從這一點我推論，是愛的法則統治了人類。它給我難以言喻的喜悅，讓我繼續去證明。

——甘地

第三部總結

我的宣言

所有已經發生過的：謝謝！
所有即將發生的：歡迎！

——知名外交家達格．哈瑪紹（Dag Hammarskjold）

在一天之中，時常複述這些句子，可以釋放自己感性、柔軟的面向。

我接受這個事實：這是我的**身體**。
我把自己交付給每一個**現在和當下**。
被恐懼隔離在外的，我的愛允許它進入。
我可以做自己的父母，滋養自己。
我能容許的越來越多，以獲得和平。
我做事不再出於「義務或責任」，我可以做選擇。
我總是有選擇的。
我自在地漫步於路上。
我有力量：我放下想去控制的需求。
我丟棄罪惡感：我佩得擁有愉悅與權力。
我不再白費工夫，所有我需要的，都會來到我面前。
我盡己所能、做好我該做的，我相信宇宙會帶我跨越一切。

我擁有我需要的，也需要我所擁有的。
不論我身上發生了什麼事，都是為了我而發生的。
不論我身上發生了什麼事，都是為了幫助我成長。
一旦我放棄對別人抱持的義務感，我可以更愛他們。
奇妙而美好的改變發生在我身上，我允許它們發生。
我選擇我伴侶的性別，這讓我對自己產生越來越好的感覺。
我一直是、也已經是我想要成為的人。
我超越了害怕自己永遠不足的恐懼。
我的人生豐碩而完整，我也豐碩而完整。
我擁有的已經足夠，也很豐富。
我照亮自己，也照亮他人。
我展現我的愛。
我注意、接收、欣賞別人展現給我的真實之愛。
我將愛帶給別人。

我所重視的每個人都愛我，也欣賞我。
別人身上我強烈欣賞的優點，我都將其視為自己的潛力。
我承認，我鄙視別人哪個部分，正因為我否認自己也有那個部分。
我將每一個缺點都轉變成力量。
我對這個星球是很重要的。
能夠擁有這麼多的愛，我非常感謝。
我的每一次心跳，都為這個世界釋放愛。
我選擇和解與原諒，我放棄復仇的欲望。
我覺得自己擁有非常豐碩的愛，我也樂意釋放它們。
我一次又一次地給予自己，讓自己覺得豐足。
每個人和每件事都是我的老師。
我包容自己的感覺，並讓它們成為一條道路。
宇宙支持我成為一個充滿喜悅的人。
宇宙支持我的每次轉變。

我就是完美的「當下」，我為自己感到驕傲。
對於下一步該怎麼走，我已經擁有了所有能量和技能。
我修補自己與周遭環境的衝突。
我尊重自己現在的困境，視其為適當的。
我在這樣的困境中找到智慧和力量。
我尊重別人的選擇。
我在我的世界中吐露我的同情心。
我溫和地對待自己內在的恐懼。
在一些沒有支持的時刻，我願意冒險。
我開放自己，接受別人的支援。
在放手之餘，我也繼續自己的人生。
我容許自己快樂。
我要求我想要的，同時放手一搏去得到它。
我向別人要求我想要的，但並不堅持別人應該提供給我。

我容許別人拒絕我，並從別人的拒絕中獲得訊息。
我不再保持距離，這樣一來，我就可以知道自己需要多少空間。
我一天比一天更愛自己真實的樣貌。
我有越來越多可以放棄，也有越來越多可以給予。
我接受的事物越來越多。
我用愛照亮我的世界。
我接受過去的每件事都是完整而完美的。
現在，我用愛和樂趣的態度來看待一切。

年復一年，
事情的困難越來越少，
我的身體甚至可以讓光穿越。

——維吉尼亞．吳爾芙（Virginia Woolf）

眾鳥高飛盡，
孤雲去獨閒。
相看兩不厭，
唯有敬亭山。

——李白，〈敬亭獨坐〉

國家圖書館出版品預行編目資料

回歸眞我：活出獨立的內在和成熟的愛/ 大衛・里秋（David Richo）作；楊語芸譯. -- 初版. -- 臺北市：啓示出版：家庭傳媒城邦分公司發行, 2012.08
面； 公分. -- (Talent系列；19)
譯自：HOW TO BE AN ADULT: A Handbook on Psychological and Spiritual Integration

ISBN 978-986-7470-70-6(平裝)

1.情緒發展 2.心靈療法 3.成人心理學

176.5 101013282

Talent系列019

回歸真我：活出獨立的內在和成熟的愛

作　　者／大衛・里秋（David Richo）
譯　　者／楊語芸
審 訂 者／張宏秀
企畫選書人／彭之琬
責 任 編 輯／李詠璇

版　　權／吳亭儀
行 銷 業 務／何學文、莊晏青
總 經 理／彭之琬
發 行 人／何飛鵬
法 律 顧 問／台英國際商務法律事務所羅明通律師
出　　版／啓示出版
台北市104民生東路二段141號9樓
電話：(02) 25007008 傳眞：(02)25007759
E-mail:bwp.service@cite.com.tw
發　　行／英屬蓋曼群島商家庭傳媒股份有限公司 城邦分公司
台北市中山區民生東路二段141號2樓
書虫客服服務專線：02-25007718；25007719
服務時間：週一至週五上午09:30-12:00；下午13:30-17:00
24小時傳眞專線：02-25001990；25001991
劃撥帳號：19863813；戶名：書虫股份有限公司
戶名：英屬蓋曼群島商家庭傳媒股份有限公司城邦分公司
訂 購 服 務／書虫股份有限公司客服專線：（02）2500-7718；2500-7719
服務時間：週一至週五上午09:30-12:00；下午13:30-17:00
24時傳眞專線：（02）2500-1990；2500-1991
劃撥帳號：19863813 戶名：書虫股份有限公司
讀者服務信箱：service@readingclub.com.tw
城邦讀書花園：www.cite.com.tw
香港發行所／城邦（香港）出版集團有限公司
香港灣仔駱克道193號東超商業中心1樓；E-mail：hkcite@biznetvigator.com
電話：(852) 25086231 傳眞：(852) 25789337
馬新發行所／城邦（馬新）出版集團 Cite (M) Sdn. Bhd.
41, Jalan Radin Anum, Bandar Baru Sri Petaling, 57000 Kuala Lumpur, Malaysia.
Tel: (603) 90578822 Fax: (603) 90576622 Email: cite@cite.com.my

封 面 設 計／李東記
排　　版／極翔企業有限公司
印　　刷／漾格科技股份有限公司
經 銷 商／高見文化行銷股份有限公司、華宣出版有限公司

■2012年8月30日初版
■2022年11月17日二版 2.5 刷
Printed in Taiwan
定價300元

Original Title: HOW TO BE AN ADULT: A Handbook on Psychological and Spiritual Integration

Published by Paulist Press, Inc.
997 MacArthur Boulevard
Mahwah, NJ 07430

城邦讀書花園
www.cite.com.tw

 ISBN 978-986-7470-70-6

廣　告　回　函
北區郵政管理登記證
北臺字第000791號
郵資已付，免貼郵票

104　台北市民生東路二段141號2樓

英屬蓋曼群島商家庭傳媒股份有限公司城邦分公司　收

請沿虛線對摺，謝謝！

書號： 1MB019X　　書名：回歸真我

請於此處用膠水黏貼

讀者回函卡

謝您購買我們出版的書籍！請費心填寫此回函卡，我們將不定期寄上邦集團最新的出版訊息。

姓名：________________________ 性別：☐男 ☐女

生日：西元__________年__________月__________日

地址：____

聯絡電話：__________________ 傳真：__________________

E-mail ：

學歷：☐ 1. 小學 ☐ 2. 國中 ☐ 3. 高中 ☐ 4. 大學 ☐ 5. 研究所以上

職業：☐ 1. 學生 ☐ 2. 軍公教 ☐ 3. 服務 ☐ 4. 金融 ☐ 5. 製造 ☐ 6. 資訊

☐ 7. 傳播 ☐ 8. 自由業 ☐ 9. 農漁牧 ☐ 10. 家管 ☐ 11. 退休

☐ 12. 其他________________________

您從何種方式得知本書消息？

☐ 1. 書店 ☐ 2. 網路 ☐ 3. 報紙 ☐ 4. 雜誌 ☐ 5. 廣播 ☐ 6. 電視

☐ 7. 親友推薦 ☐ 8. 其他________________________

您通常以何種方式購書？

☐ 1. 書店 ☐ 2. 網路 ☐ 3. 傳真訂購 ☐ 4. 郵局劃撥 ☐ 5. 其他________

您喜歡閱讀那些類別的書籍？

☐ 1. 財經商業 ☐ 2. 自然科學 ☐ 3. 歷史 ☐ 4. 法律 ☐ 5. 文學

☐ 6. 休閒旅遊 ☐ 7. 小說 ☐ 8. 人物傳記 ☐ 9. 生活、勵志 ☐ 10. 其他

對我們的建議：____

____

____

請於此處用膠水黏貼